I0090277

9 781595 845757

ولایت فقیه

«حکومت اسلامی»

روح‌الله الموسوی الخمینی

شرکت کتاب

Velayat-e Faghih
Subject: Religion - Islam
Author: Khomeini, Ruhollah
Copyright © 2025 by: Ketab Corporation
All right reserved.
1st Edition: 2025

ولایت فقیه/«حکومت اسلامی»
موضوع: دین (اسلام)
نویسنده:خمینی، روح‌الله
چاپ اول: ۱٤۰٤ خورشیدی – ۲۰۲۵ میلادی

The Library of Congress Cataloging-in-publishing Data is available upon request.

ISBN: 978-1-59584-575-7
Ketab Corporation:
12701 Van Nuys Blvd., Suite H,
Pacoima, CA, 91331, USA
www.ketab.com

1 2 3 4 5 6 7 8 24

فهرست

بسم الله الرحمن الرحيم و به نستعين

الحمد لله رب العالمين وصلى الله

على خير خلقه محمد وآله اجمعين

مقدمه

موضوع «ولایت فقیه»[1] فرصتی است که راجع به بعضی امور ومسائل مربوط به آن صحبت شود . « ولایت فقیـــه » از موضوعاتی است که تصور آنها موجب تصدیق میشود وچندان به برهان احتیاج ندارد . باین معنی که هر کس عقاید واحکام اسلام را حق اجمالاً دریافته باشد چون بـــه « ولایت فقیه» برسد وآنرا بتصور آورد بیدرنگ تصدیق خواهد کرد وآنرا ضروري وبديهي خواهد شناخت . این که امروز به « ولایت فقیه » چندان توجهي نميشود واحتیاج به استدلال پیدا کرده ، علتش اوضاع اجتماعي مسلمانان عموماً وحوزه هاي علميه خصوصاً ميباشد . أوضاع اجتماعيما مسلمانان ووضع حوزه هاي علميه ريشهٔ تاريخي دارد که بآن اشاره میکنم .

نهضت اسلام در آغاز گرفتار یهود شد وتبلیغات ضـد

---

۱ — از موضوعاتي است که در درس فقه حوزه هاي علميه مورد بحث قرار مي گیرد .

اسلامي و دسائس فكري را نخست آنها شروع كردند و بطوريكه
ملاحظـه ميكنيد دامنهٔ آن تا به حال كشيده شده است .
بعد از آنها نوبت به طوائفي رسيد كه بيك معنى شيطان تراز
بودند . اينها بصورت استعمار گر از سيصد سال پيش يا بيشتر
به كشور هاي اسلامي راه پيدا كردند و براي رسيدن بـه
مطامع استعماري خود لازم ديدند كه زمينه هائي فراهـم
سازند تا اسلام را نا بود كنند . قصد شان اين نبود كه مردم را
از اسلام دور كنند تا نصرانيت نضجي بگيرد . چون اينها نه
به نصرانيت اعتقاد داشتند و نه بـه اسلام . لكن در طول
اينمدت و در اثناي جنگهاي صليبي احساس كردند آنچـه
سدّي در مقابل منافع مادي آنها ست و منافع مادي و قدرت
سياسي آنهارا بخطر مي اندازد اسلام و احكـام اسلام است
و ايماني كه مردم به آن دارند . پس بوسائـل مختلف بر ضد
اسلام تبليغ و دسيسه كردند .

مبلغيني كه در حوزه‌هاي روحانيت درست كردند و عمالي
كه در دانشگاهها و مؤسسات تبليغات دولتي يا بنگاههـاي
انتشاراتي داشتند و مستشرقيني كه در خدمت دولتهاي استعمار گر
هستند ، همـه دست بدسـت هم داده در تحريف حقائق اسلام
كار كردند . بطوريكه بسياري از مردم و افراد تحصيل كرده
نسبت به اسلام گمراه و دچار اشتباه شده اند . اسلام دين
افراد مجاهدي است كه بدنبال حق و عدالتند ، دين كساني

است که آزادي واستقلال مي خواهند ، مکتب مبارزان ومردم ضد استعمار است . أما اینها اسلام را طور دیگري معرفي کرده اند ومیکنند . تصور نادرستي که از اسلام در اذهان عامه بوجود آورده وشکل ناقصي که در حوزه هاي علمیه عرضه میشود براي این منظور است که خاصیت انقلابي وحیاتي اسلام را از آن بگیرند ونگذارند مسلمانان در کوشش وجنبش ونهضت باشند آزاد بخواه باشند دنبال اجراي احکام اسلام باشند حکومتي بوجود بیاورند که سعادتشان را تأمین کند چنان زندگي داشته باشند که در شأن انسان است .

مثلاً تبلیغ کردند که « اسلام دین جامعي نیست ، دین زندگي نیست ، براي جامعه نظامات وقوانین ندارد . طرز حکومت وقوانین حکومتي نیاورده است . اسلام فقط احکام حیض ونفاس است ، اخلاقیاتي هم دارد ، امّا راجع به زندگي واداره جامعه چیزي ندارد !» .

تبلیغات سوء آنها متأسفانه مؤثر واقع شده است . الآن گذشته ازعامهٔ مردم طبقهٔ تحصیل کرده چه دانشگاهي وچه بسیاري از محصلین روحاني ، اسلام را درست نفهمیده اند واز آن تصوّر خطائي دارند. همانطور که مردم افراد «غریب» را نمیشناسند ، اسلام راهم نمیشناسند ودرمیان مردم دنیا بوضع غربت زندگي میکند . چنانچه کسي بخواهد اسلام را آنطور

که هست معرفي کند مردم باین زودیها باورشان نمیآید ! بلکه عمال استعمار در حوره ها هیا هو وجنجال بپا میکنند.

براي این که کمي معلوم شود فرق میان اسلام وآنچه بعنوان اسلام معرفي میشود تاچه حد است شمارا توجّه میدهم به تفاوتي که میان‌قرآن و کتب‌حدیث بارساله های عملیه‌هست. قرآن و کتابهاي حدیث که منابع احــکام ودستورات اسلام است بارساله هاي عملیه که توسط مجتهدین عصر ومراجــع نوشته میشود از لحاظ جامعیت واثري که درزند گاني اجتماعي میتواند داشته باشد بکلي تفاوت دارد . نسبت اجتماعیات‌قرآن با آیات عبادي آن از نسبت صد بیك هم بیشــتر است . از یکدوره کتاب حدیث که حدود پنجاه کتاب است وهمــهٔ احکام اسلام را دربر دارد ، سه چهار کتاب مربوط به عبادات ووظائف انسان نسبت به پروردگار است ، مقــداري از احکام هم مربوط به اخلاقیات است ، بقیه همه مربوط بــه اجتماعیات ، اقتصادیات ، حقوق وسیاست‌وتدبیر جامعه‌است.

شما آقایان که نسل جوان هستید وانشاء الله براي آیندهٔ اسلام مفید خواهید بود لازم است در تعقیب مطالب مختصري که بنده عرض میکنم در طول حیات خود در معرفي نظامات وقوانین اسلام جدّیت کنید . بهر صورتي که مفید تر تشخیص میدهید کتباً،شفاهاً مردم را آگاه کنید که اسلام از ابتداي

نهضت خود چه گرفتاریهائی داشته وهم اکنون چه دشمنان
ومصائبی دارد . نگذارید حقیقت وماهیت اسلام مخفی بماند
وتصور شود که اسلام مانند مسیحیت (اسمی ونه حقیقی)
چند دستور در بارهٔ رابطهٔ بین حق وخلق است ومسجد
فرقی با کلیساندارد .

آنروز که در غرب هیچ خبری نبود وساکنانش در توحش
بسر میبردند وآمریکا سرزمین سرخ پوستان نیمه وحشی بود ،
دو مملکت پهناور ایران ورم محکوم استبداد واشرافیت
وتبعیض وتسلط قدر تمندان بودند واثری از حکومت مردم
وقانون در آنها نبود ، خدای تبارک وتعالی بوسیلهٔ رسول اکرم
(ص) قوانینی فرستاد که انسان از عظمت آنها بشگفت میآید.
برای همهٔ امور قانون وآداب آورده است . برای انسان پیش
از آنکه نطفه اش منعقد شود تاپس از آنکه به گور میرود
قانون وضع کرده است . هما نطور که برای وظائف عبادی
قانون داردبرای امور اجتماعی وحکومتی قانون وراه ورسم
دارد . حقوق اسلام یك حقوق مترقی ومتكامل وجامع است.
کتابهای قطوری که ازدیر زمان در زمینه های مختلف حقوقی
تدوین شده از احکام قضا ومعاملات وحدود وقصاص گرفته
تا روابط بین ملتها ومقررات صلح وجنگ وحقوق بین الملل
عمومی وخصوصی ، شمه ای از احکام ونظامات اسلام است .

هيچ موضوع حياتي نيست كه اسلام تكليفي براي آن مقرر نداشته وحكمي دربارهٔ آن نداده باشد .

دستهاي اجانب براي اين كه مسلمين وروشنفكران مسلمان را كه نسل جوان ما با شنداز اسلام منحرف كنند وسوسه كرده اند كه « اسلام چيزي ندارد ، اسلام پاره اي احكام حيض ونفاس است ! آخوندها بايد حيض ونفاس بخوانند! ».

حق هم همين است . آخوند هائي كه أصلا بفكر معرفي نظريات ونظامات وجهان بيني اسلام نيستند وعمدهٔ وقتشان را صرف كاري ميكنند كه آنها ميگويند وساير كتابهاي (فصول) اسلام را فراموش كرده اند بايد مورد چنين اشكالات وحملاتي قرار بگيرند . آنها هم تقصير دارند ، مگر خارجيها تنها مقصّرند ؟ البته بيگانگان براي مطامع سياسي واقتصادي كه دارند از چند صد سال پيش اساس را تهيه كرده اند وبواسطهٔ اهمالي كه در حوزه هاي روحانيت شده موفق گشته اند . كساني در بين ما روحانيون بوده اند كه ندانسته بمقاصد آنها كمك كرده اند تا وضع چنين شده است .

گاهي وسوسه ميكنند كه احكام اسلام ناقص است ، مثلا آئين دادرسي وقوانين قضائي آن چنان كه بايد باشد نيست . بدنبال اين وسوسه وتبليغ ، عمال انگليس بدستور ارباب خود اساس مشروطه را ببازى مي گيرند ومردم رانيز

– طبق شواهد و اسنادي که در دست است– فريب ميدهند وازماهيت جنايت سياسي خود غافل ميسازند . وقتي که مي خواستند در اوائل مشروطه قانون بنويسند وقانون اساسي را تدوين کنند مجموعهٔ حقوقي بلژيکيها را از سفارت بلژيك قرض کردند و چند نفري – که من اينجا نمي خواهم اسم ببرم – قانون اساسي را از روي آن نوشتند ونقائص آنرا از مجموعه هاي حقوقي فرانسه وانگليس باصطلاح ترميم نمودند ، وبراي گول زدن ملّت بعضي از احکام اسلام را ضميمه کردند . اساس قوانين را از آنها اقتباس کردند وبخورد ملّت ما دادند ، اين مواد قانون اساسي ومتمم آن که مربوط بـه سلطنت وولايتعهدي وامثال آن است کجا از اسلام است ؟ اينها همه ضد اسلامي است ، ناقض طرز حکومت واحکام اسلام است. سلطنت وولايتعهدي همان است که اسلام برآن خط بطلان کشيده وبساط آنرا در صدر اسلام در ايران وروم شرقي ومصر ويمن برانداخته است. رسول اکرم (ص) در مکاتيب مبارکش که به امپراطور روم شرقي (هراکليوس) وشاهنشاه ايران نوشته آنهارا دعوت کرده که از طرز حکومت شاهنشاهي وامپراطوري دست بردارند ، ازاين که بندگان خـدا را وادار به پرستش واطاعت مطلقهٔ خود کنند دست بردارند ، وبگذارند مردم خداي يگانه وبيشريك را که سلطان حقيقي است بپرستند. سلطنت وولايتعهدي همان طرز حکومت

شوم وباطلي است كه حضرت سيد الشهداء (ع) براي جلو
گيري از بر قراري آن قيام فرمود وشهيد شد . براي اين كه
زير بار ولايتعهدي يزيد نرود وسلطنت اورا برسميت نشناسد
قيام فرمود وهمهٔ مسلمانان را به قيام دعوت كرد . اينهـا از
اسلام نيست . اسلام سلطنت وولايتعهدي ندارد . اگر نقص
باين معني باشد اسلام ناقص است ، چنانكه اسلام براي ربا
خواري وبانكداري توأم با رباخواري وبراي پياله فروشي
وفحشاءهم قانون ومقررات ندارد، چون اساساً اينها را حرام
كرده است . اين هيئت هاي حاكمهٔ دست نشاندهٔ استعمار كه
مي خواهند در بلاد اسلامي چنين كار هائي را رواج بدهند
البته اسلام را ناقص مي بينند ومجبورند براي اين كارها قانونش
را از انگليس وفرانسه وبلژيك واخيراً از آمريكا وارد كنند .
اين كه اسلام مقرراتي براي سر وصورت دادن باين كارهاي
ناروا ندارد از كمالات اسلام است ، از افتخارات اسلام است .

توطئه اي كه دولت استعماري انگليس در آغاز مشروطه
كرد به دو منظور بود . يكي كه درهمان موقع فاش شد اين
بود كه نفوذ روسيهٔ تزاري را در ايران از بين ببرد وديگري
همين كه با آوردن قوانين غربي أحكام اسلام را از ميدان عمل
واجرا خارج كند .

تحميل قوانين بيگانه برجا معهٔ اسلامي ما منشأ گرفتاريها

ومشکلات بسیار شده است .اشخاص مطلعی الآن در عدلیه هستند که از قوانین دادگستری وطرز کار آن شکایتها دارند. اگر کسی گرفتار دادگستری فعلی ایران یا سایر کشور های مشابه آن شود یک عمر باید زحمت بکشد تا مطلبی را ثابت کند. وکیل متبحری که در جوانی دیده بودیم میگفته محاکمه ای راکه بین دو دسته است من تا آخر عمرم در میان قوانین وچرخ وپر دستگاه داد گستری می چرخانم وبعد ازمن پسرم اینکار را ادامه خواهد داد! الآن درست همینطور شده است. مگر در مورد پرونده هائی که اعمال نفوذ میشود که البته بسرعت ولی بنا حق رسیدگی وتمام میشود. قوانین فعلی دادگستری برای مردم جز زحمت، جز باز ماندن ازکار وزندگی، جزاینکه استفاده های غیرمشروع از آنها بشود نتیجه ای ندارد. کمتر کسی به حقوق حقه خود میرسد. تازه درحل وفصل دعاوی، همهٔ جهات باید رعایت شود نه اینکه هر کس به حق خود برسد. باید ضمناً وقت مردم، کیفیت زندگی وکارهای طرفین دعوی ملاحظه شود وهرچه ساده تر وسریع تر انجام بگیرد.

دعوائی که آنوقت ها قاضی شرع در ظرف دو سه روز حل وفصل میکرد حالا در بیست سال هم تمام نمیشود. در این مدت، جوانان، پیر مردان، ومستمندان باید هر روز

صبح تا عصر به دادگستري بروند ودر راهروها وپشت ميز ها سر گردان باشند . آخرش هم معلوم نميشود که چه شد. هر کدام که زر نگتر وبراي رشوه دادن دست ودلباز تر باشند کارخو درا بنا حق هم که شده زود تراز پيش مي برند. وگر نه تا آخر عمر بايد بلا تکليف وسر گردان بمانند .

گاهي در کتابها وروزنامه هايشان مينويسند که «احکام جزائي اسلام احکام خشني است ! » حتي يک نفر با کمال بي آبروئي نوشته بود : « احکام خشني است که از اعراب پيدا شده است ، اين خشونت عرب است که اينگو نه احکام آورده است » !

من تعجب ميکنم اينها چگو نه فکر ميکنند ؟ از طرفي اگر براي ده گرم هروئين چندين نفر را بکشند ميگويند قانون است ، ده نفر را مدتي پيش ويک نفر را هم اخيراً براي ده گرم هروئين کشتند واين چيزي است که ما اطلاع پيداکر ديم . وقتي اين قوانين خلاف انساني جعل ميشود بنام اينکه ميخواهند جلو فساد را بگيرند خشونت ندارد ! من نميگويم هروئين بفروشند ، لکن مجازاتش اين نيست ، بايد جلوگيري شود امّا مجازاتش بايد متناسب با آن باشد . اگر شارب الخمر را هشتاد تازيانه بزنند خشونت دارد ، امّا اگر کسي را براي ده گرم هروئين اعدام کنند خشونت ندارد .

در صورتیکه بسیاري از این مفاسد که در جامعه پیدا شده از شرب خمر است . تصادفاتي که در راهها واقع میشود خود کشیها آدم کشیها بسیاري از آنها معلول شرب خمر است . استعمال هروئین میگو یند بسا از اعتیاد به شرب خمر است . مع ذلك اگر کسي شراب بخورد اشکالي ندارد، چون غرب این کاررا کرده است ولهذا آزاد میخرند ومیفرو شند . اگر بخواهند فحشاء را که شرب خمر یکی از واضح ترین مصادیق آنست جلوگیري کنند ویـك نفر را هشتاد تازیا نه بزنند یا زنا کاري را صد تازیانه بزنند،یا محصنه یا محصن را رجم کنند وامصیبتا است ، اي واي که این چه حکم خشني است ! واز عرب پیدا شده است ! در صورتیکه احکام جزائي اسلام براي جلو گیري از مفاسد یـك ملت بزرگ آمـــده است . فحشاء که تا این اندازه دامنه پیدا کرده که نسلها را ضایـع، جوانها را فاسد ، وکارها را تعطیل میکند ، همه دنبال همـین عیا شیهائي است که راهش را باز کردند وبه تمام معنی دامن میزنند واز آن ترویج میکنند . حال اگر اسلام بگوید براي جلوگیري از فساد در نسل جوان یکنفر را در محضر عموم شلاق بزنند خشونت دارد ؟

از آنطرف کشتاریکه قریب ١٥ سال است بدست اربابهاي این هیئت هاي حاکمه در ویتنام واقع میشود وچه

بود جه هائي خرج شده وچه خونهـــائي ريخته شده است اشكالي ندارد ! اما اگر اسلام براي اينكه مردم رادر برابر قوانيني كه براي بشر مفيد است خاضع كند فرمان دفاع يا جنگ بدهد وچند نفر مفسد وفاسد را بكشد ميگويند اين جنگ چرا شده است ؟

تمام اينها نقشه هائي است كه از چند صد سال پيش كشيده شده وبتدريج دارند اجرا ميكنند ونتيجه ميگيرند .

ابتداء مدرسه اي درجائى تأسيس كردند وما چيزي نگفتيم وغفلت كرديم ، امثال ماهم غفلت كردند كه جلو آنرا بگيرند ونگذارند اصلا تأسيس شود ، كم كم زياد شد وحالا ملاحظه ميفرمائيد كه مبلغين آنها به تمـــام دهات وقصبات رفته‌اند وبچه هاي مارا نصراني يا بيدين ميكنند .

نقشه آنستكه مارا عقب مانده نگهدارند وبه همـين حاليكه هستيم وزندگي نكبت باريكـه داريم نگه دارند تا بتوانند از سرمايه هاي ما ، از مخازن زير زميـــني ومنابع وزمينها ونيروى انساني ما استفاده كنند.ميخواهند ماگرفتار وبيچاره بمانيم ، فقراي ما درهمين بدبختي بمانند وبـــه احكام اسلام كه مسألۀ فقر وفقرا راحل كرده است تسليم نشونـــد وآنان وعمالشان در كاخهاي بزرگ بنشينند وآن زندگاني مرفه وكذائي را داشته باشند .

اینها نقشه هائي است که دامنه اش حتی بحوزه هاي دیني وعلمي رسیده است بطوریکه اگر کسي بخواهد راجع بحکومت اسلام ووضع حکومت اسلام صحبتي بکند باید باتقیه صحبت کند وبا مخالفت استعمار زدگان روبرو شود، چنانچه پس از نشر چاپ اول این کتاب عمّـــال سفارت (سفارت رژیم شاه در عراق) بپاخاسته وحرکات مذبوحانه ای کردند وخود را بیش از پیش رسوا نمودند . اکنون کار باینجا رسیده که لباس جندی (سربازی) راجزو خلاف مروّت وعدالت مید انند ! در صورتیکه ائمهٔ دین ماجندي (سرباز) بودند ، سردار بودند ، جنگي بودند ، در جنگهائي که شرحش را در تاریخ ملاحظه میفر مائید بالباس سربازی به جنگ میرفتند، آدم میکشتند ، کشته میدادند. امیر المؤمنین (ع) خود برسر مبارك میگفد اشت وزره برتن میکرد وشمشیر حمایل داشت. حضرت امام حسن (ع) وسید الشهداء چنین بودند . بعدهم فرصت ندادند وگرنه حضرت باقر (ع) هم اینطور میبود . حالا مطلب باینجا رسیده که پوشیدن لباس جندي مضر بـه عدالت انسان است ! ونباید لبـــاس جندي پوشید ! واگر بخواهیم حکومت اسلامي تشکیل دهیم باید باهمین عبا وعمامه تشکیل حکومت دهیم والا خلاف مروت وعدالت است !

اینها موج همان تبلیغاتي است که باینجا رسیده وما را

به اینجا رسانیده است که حالا محتاجیم زحمت بکشیم تا اثبات کنیم که اسلام هم قواعد حکومتی دارد .

این است وضع ما . خارجیها بواسطهٔ تبلیغاتی کـــه کرده انـــد ومبلغینی که داشته انـــد این اساس را درست کرده اند . قوانین قضائی وسیاسی اسلام را تمام از اجرا خارج کرده اند وبجای آن مطالب اروپائی نشانده اند تا اسلام را کوچک کنند و از جامعهٔ اسلامی طرد کنند وعمالشان را روی کار بیا ورند وآن سوء استفاده ها را بکنند .

نقش تخریبی وفاسد کنندهٔ استعمار را گفتیم حالا عوامل درونی بعضی از افراد جامعهٔ خودمان را باید بر آن اضافه کنیم، وآن خود باختگی آنها است در برابر پیشرفت مادّی استعمار گران . وقتی کشور های استعمار گر با پیشرفت علمی وصنعتی یا بحساب استعمار وغارت مال آسیا و آفریقا ثروت وتجملاتی فراهم آوردند اینها خود را باختند. فکر کردند راه پیشرفت صنعتی این است که قوانین وعقاید خود را کنار بگذارند . همین که آنها مثلاً به کرهٔ ماه رفتند اینها خیال میکنند باید قوانین خود را کنار بگذا رند! رفتن به کرهٔ ماه چه ربطی دارد به قوانین اسلامی ؟ مگر نمی بینند که کشور هائی با قوانین ونظامات اجتماعی متضاد توانسته اند در پیشرفت صنعتی وعلمی وتسخیر فضا با هم رقابت کنند وبا هـــم پیش

بروند ؟ آنها به کرهٔ مریخ هم بروند ، به کهکشانها هم بروند باز از سعادت وفضائل اخلاق وتعالی روانی عاجزند ، وقادر نیستند مشکلات اجتماعي خود را حل کنند . چون حل مشکلات اجتماعی وبد بختی های آنها محتاج راه حلهای اعتقادی واخلاقي است وکسب قدرت مادي یا ثروت وتسخیر طبیعت وفضا از عهدهٔ حل آن برنمیآید . ثروت وقدرت مادی وتسخیر فضا احتیاج به ایمان واعتقاد واخلاق اسلامي دارد تا تکمیل ومتعادل شود ودر خدمت انسان قرار گیرد نه این که بلای جان انسان بشود . واین اعتقاد واخلاق واین قوانین را ما داریم . بنابر این ، تاکسي جائی رفت یا چیزي ساخت ما نباید فوراً از دین وقوانینی که مربوط به زندگی بشر است ومایهٔ اصلاح حال بشر در دنیا وآخرت است دست بر داریم .

در مورد تبلیغات استعمار گران ، وضع همین طور است. آنها که دشمن ما هستند تبلیغاتي کرده اند ومتأسفانه بعضی از افراد جامعهٔ ما تحت تأثیر قرار گرفته‌اند، در حالیکه نباید قرار میگرفتند . استعمار گران بنظر ما آوردند که « اسلام حکومتی ندارد ! تشکیلات حکومتی ندارد ! برفرض که احکامی داشته باشد مجری ندارد وخلاصه اسلام فقط قانونگزار است ! » ، واضح است که این تبلیغات جزئی از نقشهٔ استعمارگران است برای باز داشتن مسلمین از

سیاست واساس حکومت . این حرف ، با معتقدات اساسي ما مخالف است . ما معتقد به ولایت هستیم ومعتقدیم پیغمبر اکرم (ص) باید خلیفه تعیین کند وتعیین هم کرده است . آیا تعیین خلیفه براي بیان احکام است ؟ بیان احکام ، خلیفه نمیخواهد . خود آنحضرت بیان احکام میکرد ، همهٔ احکام را در کتابی مینوشتند ودست مردم میدادند تا عمل کنند . اینکه عقلاً لازم است خلیفه تعیین کند برای حکومت است. ما خلیفه میخواهیم تا اجرای قوانین کند . قانون مجری لازم دارد . درهمهٔ کشور های دنیا اینطور است که جعل قانون بتنهائی فایده ندارد وسعادت بشر را تأمین نمیکند . پس از تشریع قانون باید قوهٔ مجریه ای بوجود آید . دریك تشریع یا دریك حکومت اگر قوهٔ مجریه نباشد نقص وارد است .

بهمین جهت اسلام همانطور که جعل قوانین کرده قوهٔ مجریه هم قرار داده است . ولي أمر متصدي قوهٔ مجریهٔ قوانین هم هست . اگر پیغمبر اکرم (ص) خلیفه تعیین نکند « ما بلغ رسالته » رسالت خویش رابپایان نرسانده است . ضرورت اجراي احکام وضرورت قوهٔ مجریه واهمیت آن در تحقق رسالت وایجاد نظام عادلانه ای که مایهٔ خوشبختی بشر است سبب شده که تعیین جانشین مرادف اتمام رسالت باشد . در زمان رسول اکرم (ص) اینطور نبود که فقط قانون را بیان

وابلاغ كنند ، بلكه آ زرا اجرا ميكر دند . رسول الله ﷺ مجرى قانون بود ، مثلاً قوانين جزائى را اجرا ميكرد ، دست سارق رامیبر يد ، حد ميزد ، رجم ميكرد . خليفه هم براى اين امور است . خليفه قانونگزار نيست . خليفه براى اين است كه احكام خدا را كه رسول اكرم (ص) آورده اجرا كُند . اينجاست كه تشكيل حكومت وبرقرارى دستگاه اجـرا ء اداره لازم ميآيد . اعتقاد به ضرورت تشكيل حكومت وبرقرارى دستگاه اجرا واداره ، جزئى از ولايت است ، چنانکه مبارزه و کوشش براى آن از اعتقاد به ولايت است . درست توجه كنيد . همانطور كه آنها بر ضد شما اسلام را بد معرفى كرده انــد شما اسلام را آنطور كه هست معرفى كنيد ، ولايت را چنا نکه هست معرفى كنيد، بگوئيد ما كه به ولايت معتقديم وبه اين كه رسول اكرم(ص) تعيـين خليفه كرده وخدا اورا واداشته تا تعيين خليفه كند وولى امر مسلمانان را تعيين كند بايد بـه ضرورت تشكيل حكومت معتقد باشیم وبايد كوشش كنيم كه دستگاه اجراى احكام واداره امور برقرار شود . مبارزه در راه تشكيل حكومت اسلامى لازمهٔ اعتقاد به ولايت است . شما قوانين اسلام وآثار اجتماعى وفوائد آ نرا بنويسيد ونشر كنيد. روش وطرز تبليغ وفعاليت خودتان را تكيل كنيد. توجه داشته باشيد كه شمـا وظيفه داريد حكومت اسلامى تأسيس كنيد . اعتماد بنفس

داشته باشید وبدانید که از عهدهٔ این کار برمیآئید . استعمار گران از ۳۰۰ – ۴۰۰ سال پیش زمینه تهیه کردند ، از صفر شروع کردند تا باینجا رسیدند. ما هم از صفر شروع میکنیم. از جنجال چند نفر غرب زده وسر سپردهٔ نوکر های استعمار هراس بخود راه ندهید .

اسلام را به مردم معرفی کنید تا نسل جوان تصور نکنند که آخوندها در گوشهٔ نجف یا قم دارند احکام حیض ونفاس میخوانند وکاری به سیاست ندارند ، وباید دیانت از سیاست جدا باشد ! این راکه « دیانت باید از سیاست جدا باشد وعلمای اسلام در امور اجتماعی وسیاسي دخالت نکنند» استعمار گران گفته وشایع کرده اند . این را بیدینها میگویند . مگر زمان پیغمبر اکرم ﷺ سیاست از دیانت جدا بود ؟ مگر در آن دوره ، عده ای روحاني بودند وعدهٔ دیگر سیاستمدار وزمامدار ؟! مگر زمان خلفای حق یا ناحق ، زمان خلافت حضرت امیر علیه‌السلام سیاست از دیانت جدا بود ؟ دو دستگاه بود ؟ این حرفها را استعمار گران وعمال سیاسی آنها درست کرده اند تا دین را از تصرف امور دنیا واز تنظیم جامعهٔ مسلمانان برکنار سازند وضمناً علمای اسلام را از مردم ومبارزان راه آزادی واستقلال جدا کنند . در اینصورت میتوانند بر مردم مسلط شده وثروتهای ما را غارت کنند . منظور آنها همین است .

اگر ما مسلمانان کاری جز نماز خواندن ودعا وذکر گفتن نداشته باشیم استعمار گران ودولتهای جائر متحد آنها هیچ کاری بما ندارند ، شما بروهر قدر میخواهی اذان بگو ، نماز بخوان ، بیایند هر چه داریم ببرند ، حواله شان باخدا ، لا حول ولا قوة الا بالله ! وقتی که مردیم انشاء الله بما اجر میدهند !

اگر منطق ما این باشد آنها کاری بما ندارند . آن مردك (نظامي انگلیس در زمان اشغال عراق) پرسید این که در بالای مأذنه دارد اذان میگوید به سیاست انگلستان ضرر دارد ؟ گفتند : نه . گفت : بگذار هرچه میخواهد بگوید ! اگر شما بسیاست استعمارگران کاری نداشته باشید واسلام راهمین احکامی که همیشه فقط از آن بحث میکنید بدانید وهرگز از آن تخطی نکنید به شما کاری ندارند . شما هرچه میخواهید نماز بخوانید . آنها نفت شما را میخواهند ، به نماز شما چکار دارند ؟ آنها معادن مارا میخواهند. میخواهند کشور ما بازار فروش کالاهای آنها باشد ، وبهمین جهت حکومت های دست نشاندهٔ آنها از صنعتی شدن ما جلو گیری میکنند یا صنایع وابسته ومونتاژ تأسیس میکنند . آنها میخواهند ما آدم نباشیم ، از آدم می ترسند . اگر یك آدم پیداشد از او میترسند . برای اینکه تولید مثل میکند وتأثیراتی میگذارد که اساس استبداد واستعمار وحکومت

دست نشاندگی را درهم میریزد . لذا هروقت آدمی پیدا شد
یا او را کشتند یا زندانی وتبعیدش کردند یا لکه دار ش
کردند که سیاسی است ! این آخوند ، سیاسی است ! پیغمبر
(ص) هم سیاسی بود . این تبلیغ سوء را عمال سیاسی استعمار
میکنند تا شمارا از سیاست کنار بزنند و از دخالت در امور
اجتماعی باز دارند ونگذارند با دولتهای خائن وسیاستهای
ضد ملی وضد اسلامی مبارزه کنید،وآنها هر کاری میخواهند
بکنند وهر غلطی میخواهند بکنند ، کسی نباشد جلو آنها
را بگیرد .

دلائل لزوم تشکیل حکومت

لزوم مؤسسات اجرائی

مجموعهٔ قانون ، برای اصلاح جامعه کافی نیست . برای این که قانون مایهٔ اصلاح و سعادت بشر شود به قوهٔ اجرائیـه و مجری احتیاج دارد . بهمین جهت ، خداوند متعال در کنار فرستادن یک مجموعه قانون ـ یعنی احکام شرع ـ یــک حکومت و دستگاه اجرا و اداره مستقر کرده است .

رسول اکرم (ص) در رأس تشکیلات اجرائی و اداری جامعهٔ مسلمانان قرار داشت . علاوه بر ابلاغ وحی و بیان و تفسیر عقاید و احکام و نظامات اسلام به اجرای احکام و برقراری نظامات اسلام همت گماشته بود تا دولت اسلام را بوجود آورد . در آن زمان مثلاً به بیان قانون جزا اکتفا نمیکرد بلکه در ضمـن به اجرای آن می پرداخت ، دست

میبرید، حد میزد، ورجم میکرد . پس از رسول اکرم (ص) خلیفه همین وظیفه ومقام را دارد.رسول اکرم(ص) که خلیفه تعیین کرد فقط برای بیان عقاید واحکام نبود بلکه همچنین برای اجرای احکام وتنفیذ قوانین بود.وظیفهٔ اجرای احکام وبرقراري نظامات اسلام بود که تعیین خلیفه را تا حدی مهم گردانیده بود که بدون آن پیغمبر اکرم ص « ما بلغ رسالته » رسالت خویش را به اتمام نمیر سانید . زیرا مسلمانان پس از رسول اکرم (ص) نیز به کسی احتیاج داشتند که اجرای قوانین کند ، نظامات اسلام را در جامعه برقرار گرد اند تا سعادت دنیاوآخر تشان تأمین شود .

اصولاً قانون ونظامات اجتماعی ، مجری لازم دارد . در همهٔ کشور های عالم وهمیشه اینطور است که قانونگزاری بتنهائی فایده ندارد . قانونگزاری بتنهائی سعادت بشر را تأمین نمیکند . پس از تشریع قانون بایستی قوهٔ مجریه ای بوجود آید . قوهٔ مجریه است که قوانین واحکام دادگاهها را اجرا میکند وثمرهٔ قوانین واحکام عادلانهٔ داد گاهها را عاید مردم میسازد . بهمین جهت ، اسلام هما نطوز که قانونگزاری کرده قوهٔ مجریه هم قرار داده است . « ولي امر » متصدی قوهٔ مجریه هم هست[1].

۱ - در آیه مبارکه « یا ایها الذین آمنوا اطیعوا الله واطیعوا الرسول ←

سنت ورویه رسول اکرم (ص)

سنت ورویهٔ پیغمبر اکرم (ص) دلیل بر لزوم تشکیل حکومت است. زیرا اولاً خود تشکیل حکومت داد وتاریخ گواهي میدهد که تشکیل حکومت داده وبه اجرای قوانین وبر قراري نظامات اسلام پرداخته وبه ادارهٔ جامعه برخاسته است، والی به اطراف میفر ستاده، به قضاوت می نشسته وقاضي نصب میفر موده، سفرائی به خارج ونزد رؤساي قبائل وپادشاهان روانه میکرده، معاهده وپیمان می بسته، جنگ رافر ما ندهي میکرده وخلاصه احکام حکومتی را به جریان می انداخته است. ثانیاً برای پس از خود بفرمان خدا تعیین حاکم کرده است. وقتي خداوند متعال برای جامعهٔ پس از پیامبر اکرم (ص) تعیین حاکم میکند باین معنی است که حکومت پس از رحلت رسول اکرم (ص) نیز لازم

←

واولي الامر منکم ...» اطاعت« از ولي امر» واجب شمرده شده است، « اولی الامر » بعد از رسول اکرم (ص) ائمه اطهار ند که متصدی چند وظیفه یا مقام هستند یکي بیان وتشریح عقاید واحکام ونظامات اسلام برای مردم که با بیان وتفسیر قرآن وسنت مرادف میباشد، ودیگری اجرای احکام وبرقراری نظامات اسلام در جامعه مسلمانان، ونیز بسط عقاید ونظامات اسلام درمیان ملل جهان. پس از ایشان فقهای عادل عهده دار این مقامات هستند.

است وچون رسول اکرم (ص)با وصیت خویش فرمان الهی‌را ابلاغ مینماید ضرورت تشکیل حکومت رانیز میرساند .

ضرورت استمرار اجرای احکام

بدیهي است ضرورت اجراي احکام که تشکیل حکومت رسول اکرم (ص)را لازم آورده منحصر ومحدود به زمان آن حضرت نیست وپس از رحلت رسول اکرم(ص) نیز ادامه دارد . طبق آیهٔ شریفه ، احکام اسلام محدود به زمان ومکاني نیست ، وتا ابد باقي ولازم الاجرا است . تنها برای زمان رسول اکرم(ص)نیامده تا پس از آن متروك شود ودیگر حدود وقصاص یعني قانون جزاي اسلام اجرا نشود یا انواع مالیا تهاي مقرر گرفته نشود یا دفاع از سرزمین وامت اسلام تعطیل گردد.. این‌حرف که‌قوانین اسلام تعطیل پذیر یا منحصر ومحدود به زمان یا مکاني است بر خلاف ضروریات اعتقادي اسلام است . بنابراین ، چون اجراي احکام پس از رسول اکرم(ص)وتا ابد ضرورت دارد تشکیل حکومت وبرقراري دستگاه اجـــرا واداره ضرورت میبابد . بدون تشکیل حکومت وبدون دستگاه اجرا واداره که همـهٔ جریانات وفعالیت هاي افراد را از طریق اجراي احکام تحت نظام عادلانه در آورد هرج ومرج بوجود میآید وفساد اجـتماعي

واعتقادي واخلاقي پديد ميآيد . پس براي اينكه هرج ومرج وعنان گسيختگي پيش نيايد وجامعه دچار فساد نشود چاره اي نيست جز تشكيل حكومت وانتظام بخشيدن به همهٔ اموري كه در كشور جريان مييابد .

بنابراين ، بضرورت شرع وعقل آنچه در دورهٔ حيات رسول اكرم(ص)وزمان امير المؤمنين علي بن ابيطالب(ع)لازم بوده يعني حكومت ودستگاه اجرا واداره پس از ايشان ودرزمان ما لازم است .

براي روشن شدن مطلب اين سؤال را مطرح ميكنم:
از غيبت‌صغرى تاكنون كه هزار وچندصدسال ميگذرد وممكن است صد هزارسال ديگر بگذرد ومصلحت اقتضا نكند كه حضرت تشريف بياورد ، در طول اين مدت مديد احكام اسلام بايد زمين بماند واجرا نشود ؟ وهركه هر كاري خواست بكند ؟ هرج ومرج است ؟! قوانيني كه پيغمبر اسلام در راه بيان وتبليغ ونشر واجراي آن بيست وسه سال زحمت طاقت فرسا كشيد فقط براي مدت محدودي بود ؟ آيا خدا اجراي احكامش را محدود كرد به دويست سال ؟ وپس از غيبت صغرى اسلام ديگر همه چيزش را رها كرده است ؟

اعتقاد به چنين مطالبي يا اظهار آنها بدتر از اعتقاد

واظهار منسوخ شدن اسلام است . هیچکس نمیتواند بگوید دیگر لازم نیست از حدود وثغور وتمامیّت ارضي وطن اسلامی دفاع کنیم ، یا امروز مالیات وجزیه وخراج وخمس وزکات نباید گرفتـــه شود ، قانون کیفري اسلام ودیات وقصاص باید تعطیل شود . هر کـــه اظهار کند که تشکیل حکومت اسلامي ضرورت ندارد منکر ضرورت اجــراي احکام اسلام شده وجامعیت احکام وجاودانگي دین مبین اسلام را انکار کرده است .

رویه امیر المؤمنین علی بن ابیطالب عليه السلام

پس از رحلت رسول اکرم (ص) هیچیك از مسلمانان در این معنی که حکومت لازم است تردید نداشت . هیچکس نگفت حکومت لازم نداریم . چنین حرفي از هیچکس شنیده نشد. در ضرورت تشکیل حکومت،همه اتفاق نظر داشتند. اختلاف فقط در کسي بود که عهده دار این امر شود ورئیس دولت باشد . لهذا پس از رسول اکرم(ص) درزمان متصدیان خلافت وزمان حضرت امیر (ع) هم حکومت تشکیل شد ، سازمان دولتي وجود داشت واداره واجرا صورت میگرفت.

ماهيّت وكيفيّت قوانين اسلام

دليل ديگر بر لزوم تشكيل حكومت ، ماهيّت وكيفيت قوانين اسلام - احكام شرع - است . ماهيت وكيفيّت اين قوانين ميرساند كه براي تكوين يك دولت وبراي ادارهٔ سياسي واقتصادي وفرهنگي جامعه تشريع گشته است .

اولاً - احكام شرع حاوي قوانين ومقررات متنوعي است كه يك نظام كلي اجتماعي را ميسازد . در اين نظام حقوقي ، هرچه بشر نياز دارد فراهم آمده است ، از طرز معاشرت باهمسايه واولاد وعشيره وقوم وخويش وهمشهري ، وامور خصوصي وزندگي زناشوئي گرفته تا مقررات مربوط به جنگ وصلح ومراوده با ساير ملل ، از قوانين جزائي تا حقوق تجارت وصنعت وكشاورزي . براي قبل از انجام نكاح وانعقاد نطفه قانون دارد ودستور ميدهد كه نكاح چگونه صورت بگيرد وخوراك انسان در آن هنگام يا موقع انعقاد نطفه چه باشد ، در دورهٔ شيرخوارگي چه وظائفي بر عهدهٔ پدرو مادر است وبچه چگونه بايد تربيت شود ، واسلوك مرد وزن با همديگر وبا فرزندان چگونه باشد . براي همهٔ اين مراحل دستور وقانون دارد تا انسان تربيت كند ، انسان

کامل وفاضل ، انساني که قانون متحرك ومجسم است ومجري داو طلب وخود کار قانون است . معلوم است که اسلام تا چه حد به حکومت وروابط سیاسي واقتصادي جامعه اهتمام میورزد تا همهٔ شرایط به خدمت تربیت انسان مهذب وبا فضیلت در آید .

قرآن مجید وسنت شامل همهٔ دستورات واحکامی است که بشر براي سعادت وکمال خود احتیاج دارد . در « کافي » فصلی است بعنوان « تمام احتیاجات مردم در کتاب وسنت بیان شده است » ، وکتاب یعني قرآن « تبیان کل شيء » است روشنگر همه چیز وهمهٔ امور است . امام سوگند یاد میکند –طبق روایات– که تمام آنچه ملت احتیاج دارد در کتاب وسنت هست ، ودر این شکي نیست .

ثانیاً – با دقت در ماهیّت وکیفیّت احکام شرع درمییابیم که اجرای آنها وعمل به آنها مستلزم تشکیل حکومت است وبدون تأسیس یك دستگاه عظیم وپهناور اجرا واداره نمیتوان به وظیفهٔ اجرای احکام الهي عمل کرد .

ما اکنون بعضي موارد را ذکر میکنیم ، آقایان بموارد دیگر هم مراجعه کنند .

۱ - احکام مالی

مالیاتهائي که اسلام مقرر داشته وطرح بودجه اي که ریخته نشان میدهد تنهابراي سد رمق فقرا و سادات فقیر نیست ، بلکه براي تشکیل حکومت وتأمین مخارج ضروري یك دولت بزرگ است .

مثلا خمس یکي از در آمد هاي هنگفتي است که به بیت المال میریزد ویکي از اقلام بودجه را تشکیل میدهد. طبق مذهب ما از تمام منافع کشاورزي ، تجارت، منابع زیر زمینی وروی زمیني وبطور کلي از کلیهٔ منافع وعواید بطرز عادلانه اي گرفته میشود ، بطوریکه از سبزي فروش درب این مسجد تاکسي که به کشتیراني اشتغال دارد یا معدن استخراج میکند همه را شامل میشود . این اشخاص باید خمس اضافه بردر آمد راپس از صرف مخارج متعارف خود به حاکم اسلام بپردازند تا به بیت المال وارد شود . بدیهي است در آمد باین عظمت براي ادارهٔ کشور اسلامي ورفع همهٔ احتیاجات مالی آن است . هرگاه خمس درآمد کشورهای اسلام یا تمام دنیارا - اگر تحت نظام اسلام درآید - حساب کنیم معلوم میشود منظور از وضع چنین مالیاتي فقط رفع احتیاج سید وروحاني نیست ، بلکه قضیه مهم تراز اینهاست ، منظور رفع نیاز مالی

تشکیلات بزرگ حکومتي است . اگر حکومت اسلامی تحقق پیدا کند باید باهمین مالیاتهائی که داریم یعني خمس وزکات – که البته مالیات اخیر زیاد نیست – جزیه[1] وخراجات (یا مالیات بر اراضي ملی کشاورزي) اداره شود .

سادات ، کي به چنین بودجه اي احتیاج دارند ؟ خمس در آمد بازار بغداد برای سادات وتمام حوزه های علمیه وتمام فقرای مسلمین کافي است تاچه رسد به بازار تهران وبازار اسلامبول وبازار قاهره ودیگر بازارها . تعیین بودجه‌ای باین هنگفتي دلالت دارد براین که منظور تشکیل حکومت واداره کشور است . براي عمدهٔ حوائج مردم وانجام خدمات عمومي اعم از بهداشتي وفرهنگی ودفاعی وعمراني قرار داده شده است . مخصوصاً باترتیبي که اسلام براي جمع آوري ونگهداري ومصرف آن تعیین کرده که هیچگونه حیف ومیلي در خزانهٔ عمومی واقع نشود ورئیس دولت وهمهٔ والیان ومتصدیان

---

۱ « اهل ذمه » یعنی اقلیتهای اهل کتاب که تحت حمایت ودفاع حکومت اسلامی قراردارند از مالیاتهاي خمس وزکات معاف بوده وموظف به دفاع مسلحانه از کشور هم نیستند واز طرفي مثل مسلمانان از تشکیلات انتظامي واداري کشور استفاده میکنند .بنابراین مالیات سرانه اندکی به مردان صاحب کار ودر آمدشان تعلق میگیرد بنام « جزیه » .

خدمات عمومی یعنی اعضاء دولت هیچگونه امتیـــازی در استفاده از در آمد واموال عمومي برافراد عادی ندارند بلکه سهم مساوی میبرند .

آیا این بودجهٔ فراوان را باید بدریا بریزیم ؟ ! یازیر خاك کنیم تا حضرت بیایـد ؟! یا برای این است که آنروز مثلا پنجاه نفر سید بخورند ، یا اکنون فرض کنید به پا نصد هزار سید بدهند که ندانند چکارش کنند ؟! در صورتیکه میدانیم حق سادات وفقرا بمقداري است که با آن امرار معاش کنند . منتهی طرح بودجهٔ اسلام اینطور است که هـــر در آمدي مصارف اصلی معینی دارد . یك صندوق مخصوص زکات وصندوق دیگر برای صدقات وتبرعات ویك صندوق هم براي خمس است. سادات از صندوق اخیر تأمین معاش میکنند . ودر حدیث است که سادات در آخر سال باید اضافه از مخـــارج خودرا به حاکم اسلام برگردانند واگر کم آوردند حاکم به آنان کمك میکند .

از طرفي « جزیه » که بر « اهل ذمه » مقرر شده ، وخراج که از اراضي کشاورزي وسیعی گرفته میشود درآمد فوق العاده اي را بوجود میآورد . مقررشدن چنین مالیاتهائی دلالت داردبر این که حاکمی وحکومتي لازم است . وظیفهٔ حاکم ووالي است که بر « اهل ذمه » بر حسب استطـــاعت

مالي ودرآمد شان ماليات سرانه ببندد يا از مزارع ومواشي آنها ماليات متناسب بگيرد ، همچنين خراج يعنى ماليات بر اراضي وسيعى راكه « مال الله » ودر تصرف دولت اسلامى است جمع آورى كند . اين كار ، مستلزم تشكيلات منظم وحساب وكتاب وتدبير ومصلحت انديشي است وبا هرج ومرج انجام شدني نيست . اين بعهدهٔ متصديان حكومت اسلامي است كه چنين مالياتهائي را باندازه وبتناسب وطبق مصلحت تعيين كرده سپس جمع آورى كنند وبمصرف مصالح مسلمين برسانند .

ملاحظه ميكنيد كه احكام مالي اسلام بر لزوم تشكيل حكومت دلالت دارد ، واجراي آن جز از طريق استقرار تشكيلات اسلامي ميسر نيست .

۲ ـ احكام دفاع ملّى

از طرف ديگر احكامي كه راجع به حفظ نظام اسلام ودفاع از تماميت ارضي واستقلال امت اسلام است بر لزوم تشكيل حكومت دلالت دارد . مثلا اين حكم : «واعدوا لهم ما استطعتم من قوة ومن رباط الخيل » كه امر به تهيه وتدارك هرچه بيشتر نيروى مسلح ودفاعي بطور كلى است ، وامر به آماده‌باش ومراقبت هميشگي در دورهٔ صلح وآرامش .

هر گاه مسلمانان باین حکم عمـــل کرده وبا تشکیل حکومت اسلامي به تدار کات وسیع پرداخته بحال آمـــاده باش کامل جنگي می بودند مشتی یهودي جرأت نمیکردند سرزمینهاي مارا اشغال کرده مسجد اقصاي مـــارا خراب کنند وآتش بزنند، ومردم نتوانند به اقدام فوري بر خیزند. تمام اینها نتیجهٔ این است که مسلمانان به اجراي حکم خـدا برنخـــاسته وتشکیل حکومت صالح ولایق نداده انــد . اگر حکومت کنندگان کشورهای اسلامي نمـــایندهٔ مردم با ایمان ومجری احکام اسلام میبودند اختلافات جزئي را کنار میگذاشتند دست از خرابکاری وتفرقه اندازي برمیداشتند ومتحد میشدند و « ید واحده » میبودند. در آنصورت مشتی یهودي بدبخت که عمال آمریکا وانگلیس واجانبند نمـــی توانستند اینکارها رابکنند هرچند آمریکاوانگلیس پشتیبان آنها باشند. این از بي عرضگي کساني است که برمردم مسلمان حکومت میکنند .

آیهٔ « واعدوا لهم مـــا استطعتم من قوة ... » دستور مید هد که تا حد امکان نیرومند وآماده باشید تا دشمنان نتوانند به شما ظلم وتجاوز کنند . ما متحد ونیرومند وآماده نبودیم که دستخوش تجاوزات بیگانه شده ومیشویم وظـــلم می بینیم .

۳ ـ احکام احقاق حقوق ، و احکام جزائي

بسیاری از احکام از قبیل دیات که باید گرفته و به صاحبانش داده شود ، یا حدود وقصاصی که باید بانظر حاکم اسلامي اجرا شود بدون برقراری یك تشکیلات حکومتي تحقق نمییابد . همهٔ این قوانین مربوط به سازمان دولت است وجز قدرت حکومتي از عهدهٔ انجام این امور مهم برنمیآید .

لزوم انقلاب سیاسی

پس از رحلت رسول اکرم (ص) معاندین وبني امیه – لعنهم الله – نگذاشتند حکومت اسلام با ولایت علی بن ابیطالب (ع) مستقر شود . نگذاشتند حکومتي که مرضي خدای تبارك وتعالی ورسول اکرم (ص) بود در خارج وجود پیدا کند . درنتیجه ، اساس حکومت را دگرگون کردند . برنامهٔ حکومتشان بیشترش با برنامهٔ اسلام مغایرت داشت . رژیم حکومت وطرز اداره وسیاست بنی امیه وبنی عباس ضد اسلامی بود . رژیم حکومت کاملا وارونه وسلطنتي شد وبصورت رژیم شاهنشاهان ایران وامپراطوران رم وفراعنهٔ مصر درآمد ودر ادوار بعد غالباً بهمان اشکال غیر اسلامي ادامه پیدا کرد تا حالا که مي بینیم .

شرع وعقل حكم ميكند که باید نگذاریم وضع حکومتها بهمین صورت ضد اسلامي يا غير اسلامي ادامه پيدا كند. دلائل این کار، واضح است. چون برقراري نظام سياسي غير اسلامي بمعنى بي اجرا ماندن نظام سیاسی اسلام است. همچنین باین دلیل که هر نظام سیاسی غیر اسلامی، نظامی شرك آميز است – چون حاکمش «طاغوت» است – وما موظفیم آثار شرك را از جامعهٔ مسلمانان واز حیات آنان دور کنیم و از بین ببریم. وباز باین دلیل که موظفیم شرایط اجتماعی مساعدی برای تربیت افراد مؤمن وبافضلیت فراهم سازیم واین شرایط درست ضد شرایط حاکمیت «طاغوت» وقدرتهای ناروا است. شرایط اجتماعي كه ناشي از حاكميت «طاغوت» ونظام شرك آميز است لازمه اش همین فسادی است که می بینید این همان «فساد في الارض» است که باید از بین برود ومسببین آن بسزای اعمال خود برسند. این همان فسادی است که فرعون با سیاست خود در کشور مصر بوجود آورد و «انه كان من المفسدين». در این شرایط اجتماعي وسياسي، انسان مؤمن ومتقي وعادل نميتواند زندگي کند وبرايمان ورفتار صالحش باقي بماند. ودوراه در برابر خود دارد: یا اجباراً اعمالی مرتکب شود که شرك آميز وناصالح است، يا برای این که چنین اعمالی مرتکب نشود وتسليم اوامر وقوانين «طواغيت» نشود با آنها مخالفت ومبارزه کند تا آن شرائط

فاسد را از بین ببرد . ما چاره نداریم جز این که دستگاههای حکومتي فاسد وفاسد کننده را از بین ببریم وهیئت های حاکمهٔ خائن وفاسد وظالم وجائر را سر نگون کنیم .

این وظیفه اي است که همهٔ مسلمانان دریکایک کشورهای اسلامی باید انجام بد هند وانقلات سیاسي اسلامی را به پیروزي برسانند .

لزوم وحدت اسلامی

از طرفي وطن اسلام را استعمارگران وحکام مستبد وجاه طلب تجزیه کرده‌اند . امت اسلام را از هم جدا کرده وبصورت چندین ملت مجزا در آورده اند. یك زمان هم که دولت بزرگ عثماني بوجود آمد استعمارگران آنرا تجزیه کردند. روسیه وانگلیس واتریش وسایر دولتهای استعماری متحد شدند وبا آن جنگها کردند وهر کدام قسمتي از قلمرو آنرا بتصرف یا تحت نفوذ خود در آوردند . گرچه بیشتر حکام دولت عثماني لیاقت نداشتند وبعضي از آنها فاسد بودند ورژیم سلطنتي داشتند باز این خطر براي استعمارگران بود که افراد صالحي ازمیان مردم پیدا شوند وبکمك مردم دررأس این دولت قرار گرفته با قدرت ووحدت ملی بساط استعمار را برچینند . بهمین علت ، پس از جنگهای متعدد در جنگ بین الملل اول

آنرا تقسیم کردند که از قلمرو آن ۱۰ تا ۱۵ مملکت یك وجبي پیداشد . هر وجب‌را دست یك مأمور یا دسته اي از مأمورین خود دادند . بعدها بعضی از آنها از دست مأمورین وعمـــال استعمار بیرون آمده است .

ما برای این که وحدت امت اسلام را تأمین کنیم ، برای این که وطن اسلام را از تصرف ونفوذ استعمارگران ودولتهای دست نشاندهٔ آنها خارج وآزاد کنیم راهی نداریم جز این که تشکیل حکومت بدهیم . چون بمنظور تحقق وحدت وآزادی ملتهای مسلمان بایستي حکومتهاي ظــالم ودست نشانـــده را سر نگون کنیم وپس از آن حکومت عادلانهٔ اسلامی را که در خدمت مردم است بوجود آوریم . تشکیل حکومت برای حفظ نظام ووحدت مسلمـین است ، چنانکه حضرت زهرا سلام الله علیها در خطبهٔ خود میفرماید که « امامت برای حفظ نظام وتبدیل افـتراق مسلمین بـــه اتحاد است » .

لزوم نجات مردم مظلوم ومحروم

بعلاوه ، استعمارگران بدست عمال سیاسی خود که بر مردم مسلط شده اند نظامات اقتصادي ظالمانه ای راتحمیل

کرده اند وبراثر آن مردم بدودسته تقسیم شده اند : ظالم ومظلوم . دریك طرف صدها میلیون مسلمان گرسنه ومحروم از بهداشت وفرهنگ قرار گرفته است ودر طرف دیگر اقلیتهائی از افراد ثروتمند وصاحب قدرت سیاسي که عیاش وهرزه‌گرد وفاسدند . مردم گرسنه ومحروم کوشش میکنند که خود را از ظلم حکام غارتگر نجات بدهند تازندگی بهتری پیدا کنند واین کوشش ادامه دارد ، لکن اقلیتهاي حاکم ودستگا ههای حکومتي جائر مانع آنهاست . ما وظیفه داریم مردم مظلوم ومحروم را نجات دهیم . ما وظیفه داریم پشتیبان مظلومین ودشمن ظالمین باشیم . همین وظیفه است که امیر المؤمنین (ع) در وصیت معروف به دوفرزند بزرگوارش تذکر میدهد ومیفرماید : « وکونا للظالم خصماً وللمظلوم عوناً » دشمن ستمگر ویاور وپشتیبان ستمدیده باشید .

علمای اسلام موظفند با انحصار طلبي واستفاده های نامشروع ستمگران مبارزه کنند ونگذارند عدهٔ کثیری گرسنه ومحروم باشند ودرکنار آنها ستمگران غارتگر وحرامخوار در ناز ونعمت بسرببرند . امیر المؤمنین (ع) میفرماید من حکومت را باین علت قبول کردم که خداوند تبارك وتعالی از علماي اسلام تعهد گرفته وآنها را ملزم کرده که در مقابل پرخوری وغارتگری ستمگران وگرسنگی

ومحرومیت ستمدیدگان ساکت ننشینند وبیکـــار نایستند :
« اما والذي فلق الحبه وبرأ النسمة لولا حضور الحاضر وقيـام الحجة بوجود الناصر وما اخذ الله على العلماء ان لا يقاروا على كظة ظالم ولا سغب مظلوم لالقيت حبلها على غاربهـا وسقيت آخرها بكأس اولها ولالفيتم دنياكم هذه ازهـد عندي من عفطة عنز »[1]. سوگند بآنکه بذر را بشکافت وجان رابیافرید اگـر حضور یا فـتن بیعت کنندگان نبود وحجت برلزوم تصدی من با وجود یا فتن نیروی‌مددکار تمام نمیشد واگر نبود که خدا از علمای‌اسلام پیمان گرفته که برپرخوری وغارتگری ستمگران وگرسنگی جانکاه ومحرومیت ستمدیدگان خاموش نمانند زمام حکومت را رها میساختم وازپی آن نمیگشتم ومیدیدید که این دنیاتان ومقام دنیایي تان در نظرم از نمی که از عطسهٔ بزی بیرون میپرد ناچیز تراست !

امروز چطور مـــی توانیم ساکت وبیکار بنشینیم وببینیم عده ای خائن‌وحرامخوار وعامل بیگانه بکمك اجانب وبزور سرنیزه ثروت ودسترنج صدها میلیون مسلمان را تصاحب کرده‌اند ونمیگذار ند از حد اقل‌نعمتها استفاده کنند؟ وظیفهٔ علمای اسلام وهمهٔ مسلمانان است که باین وضع ظالمانه خاتمـه بدهند ودر این راه که راه سعادت صدهـا

---

۱ – نهج البلاغة ۱/۱ ٤ .

میلیون انسان است حکومتهای ظالم راسرنگون کنند وحکومت اسلامی تشکیل دهند .

لزوم حکومت از نظر اخبار

طبق ضرورت عقل وضرورت احکام اسلام وروية رسول اکرم (ص) وحضرت امیر المؤمنین (ع) ومفاد آیات وروایات ، تشکیل حکومت لازم است . اکنون بعنوان نمونه روایتی راکه از حضرت الرضا عليه‌السلام نقل شده میآورم :

« عبد الواحد بن محمد بن عبدوس النيسابوري العطار ، قال : حدثني أبو الحسن على بن محمد بن قتيبه النيسابورى ،قال: قال أبو محمد الفضل بن شاذان النيسابوري : ان سأل سائل فقال : اخبرني هل يجوز أن يكلف الحكيم ... فإن قال قائل : ولم جعل أولي الأمر وامر بطاعتهم ؟ قيل لعلل كثيرة ، منها ان الخلق لما وقفوا على حد محدود وامروا أن لا يتعدوا تلك الحدود لما فيه من فسادهم لم يكن يثبت ذلك ولا يقوم إلا بأن يجعل عليهم فيها أميناً يأخذ بالوقف عندما أبيح لهم ويمنعهم عن التعدي على ما خطر عليهم لأنه لو لم يكن ذلك لكان احد لا يترك لذته ومنفعته لفساد غيره - هكذا في النسخة والصحيح لما كان احد يترك لذته - ومنها إنا لا نجد فرقة من الفرق ولا ملة

من الملل بقوا وعاشوا الا بقيم ورئيس لما لا بد لهم منه في أمر الدين والدنيا . فلم يجز في حكمة الحكيم أن يترك الخلق لما يعلم انه لا بد لهم منه ولا قوام لهم الا به فيقاتلون بـه عدوهم ويقسمون به فيئهم ويقيمون به جمعهم وجماعتهم ويمنع ظالمهم من مظلومهم . ومنها أنه لو لم يجعل لهم اماماً قيماً اميناً حافظاً مستودعاً لدرست الملة وذهب الدين وغيرت السنن والاحكام ولزاد فيه المبتدعون ونقص منه الملحدون وشبهوا ذلك على المسلمين اذ قد وجدنا الخلق منقوصين محتاجين غير كاملين مع اختلافهم واختلاف اهوائهم وتشتت حالاتهم ، فلو لم يجعل قيّماً حافظاً لما جاء به الرسول الأول لفسدوا على نحو ما بيناه وغيرت الشرائع والسنن والاحكام والايمان ، وكان في ذلك فساد الخلق اجمعين »[1].

قسمت اول حديث را كه مربوط به نبوت است والآن مورد بحث ما نيست نيا ورديم . مورد بحث ما قسمت اخير است كه امام ميفرمايد : اگر كسى بپرسد چرا خداى حكيم « اولى الامر » قرار داده وبه اطاعت آنان امر كرده است[2] جواب داده خواهد شد كه به علل ودلائل بسيار چنين كرده است ، از آنجمله اين كه چون مردم بر طريقة مشخص ومعين

---

١ – علل الشرايع ١٨٣/١ ، حديث ٩ .

٢ – اشاره به آيه شريفه اي كه قبلاً آمده است .

نگهداشته شده ودستور یافته اند که از این طریقه تجاوز ننمایند واز حدود وقوانین مقرر در نگذرند زیرا که با این تجاوز وتخطی دچار فساد خواهند شد ، واز طرفی این امر بتحقق نمی پیوندد ومردم بر طریقهٔ معین نمیروند ونمانند وقوانین الهی را برپا نمیدارند مگر در صورتیکه فرد(یا قدرت) امین وپاسداری بر ایشان گماشته شود که عهده دار این امر باشد ونگذارد پا از دائرهٔ حقشان بیرون نهند یا به حقوق دیگران تعدی کنند، زیرا اگر چنین نباشد وشخص یا قدرت بازدارنده ای گماشته نباشد هیچکس لذت ومنفعت خویش راکه با فساد دیگران ملازمه دارد فرو نمیگذارد ودر راه تأمین لذت ونفع شخصی به ستم وتباهی دیگران میپردازد...

علت ودلیل دیگر این که ما هیچیک از فرقه ها یا هیچیک از ملتها وپیروان مذاهب مختلف را نمی بینیم که جز بوجود یك بر پانگهدارندهٔ نظم وقانون ویك رئیس ورهبر توانسته باشد به حیات خود ادامه داده باقی بماند ، زیرا برای گذران امر دین ودنیای خویش ناگزیر از چنین شخص هستند . بنا براین در حکمت خدای حکیم روا نیست که مردم یعنی آفریدگان خویش رابی رهبر وبی سرپرست رها کند زیرا خدا میداند که بوجود چنین شخصی نیاز دارند وموجودینتشان جز بوجود وی قوام واستحکام نمییابد وبرهبری اوست که با دشمنانشان میجنگند ودر آمد عمومی رامیانشان تقسیم

میکنند ونماز جمعه وجماعت رابرگذار میکنند ودست ستمگران جامعه را از حریم حقوق مظلومان کوتاه میدارند.

وباز از جملهٔ آن علل ودلائل یکي این است که اگر براي آنان امام برپا نگهدارندهٔ نظم وقانون ، خدمتگزار امین ونگاهبان پاسدار وامـا نتداری تعیین نکنند دین بـه کهنگی وفرسودگی دچار خواهد شد وآئین ازمیان خواهد رفت وسنن واحکام اسلامی دگرگونه ووارونه خواهـد گشت وبدعتگزاران چیزها در دین خواهند افزود وملحدان وبیدینان چیزها از آن خواهند کاست وآنرابرای مسلمانان بگونه‌اي دیگر جلوه خواهند داد ، زیرامی بینیم که مردم ناقصند ونیازمند کالند ونا کاملند ، علاوه براین که باهـم اختلاف دارند وتمایلات گوناگون وحالات متشتت دارنـد . بنابراین هرگاه کسی راکه برپا نگهدار ندهٔ نظم وقانون باشد وپاسدار آنچه پیامبر آورده برمردم نگماشته بود بچنان صورتي که شرح دادیم فاسد میشدند ونظامات وقوانین وسنن واحکام اسلام دگرگونه میشد وایمان ومحتوی ایمان دگرگون میگشت واین تغییر سبب فساد همگی مردمان وبشریت بتمامي است .

چنانکه از فرمایش امام علیه السلام استنباط میشود

علل ودلائل متعددي تشكيل حكومت وبرقراري « ولی امر » را لازم آورده است . این علل ودلائل وجهات ، موقتي ومحدود به زماني نيستند ، ودر نتيجه لزوم تشكيل حكومت هميشگي است . مثلاً تعدی مردم از حدود اسلام وتجاوز آنان به حقوق دیگران واین که برای تأمین لذت ونفع شخصي به حریم حقوق دیگران دست اندازي كنند هميشه هست . نمی توان گفت این فقط درزمان حضرت امیر المؤمنین (ع) بوده ومردم بعداً همه ملائکه میشوند . حکمت آفریدگار براین تعلق گرفته كه مردم به طريقهٔ عادلانه زندگي كنند ودر حدود احكام الهي قدم بردارند . این حکمت ، هميشگي واز سنت هاي خداوند متعال وتغيير ناپذير است . بنابراین امروز وهمیشه وجود «ولي امر» يعني حاكمي كه قيم وبرپا نگهدارندهٔ نظم وقانون اسلام باشد ضرورت دارد ، وجود حاکمي كه مانع تجاوزات وستمگريها وتعدي به حقوق ديگران باشد امين وامانتدار وپاسدار خلق خدا باشد ، هادي مردم به تعاليم وعقايد واحكام ونظامات اسلام باشد واز بدعتهائي كه دشمنان وملحدان در دين ودر قوانين ونظامات ميگذارند جلوگيري كند . مگر خلافت امیر المؤمنین (ع) بخاطر همين معاني نبود ؟ آن علل وضرورتهایي كه آن حضرت را امام كرده است الآن هم هست ، با این تفاوت كه شخص معيني نيست بلكه موضوع را عنواني قرار داده اند تا هميشه محفوظ

باشد .

پس اگر احکام اسلام باید باقي بماند واز تجاوز هیئت هاي حاکمهٔ ستمگر به حقوق مردم ضعیف جلوگیري شود واقلیتهاي حاکمه نتوانند براي تأمین لذت ونفع مادي خویش مردم را غارت وفاسد کنند ، اگر باید نظم اسلام برقرار شود وهمهٔ افراد بر طریقهٔ عادلانهٔ اسلام رفتار کنند واز آن تخطي ننمایند ، اگر باید جلو بدعتگزاري وتصویب قوانین ضد اسلامي توسط مجلسهاي قلابی گرفته شود ، اگر باید نفوذ بیگانگان در کشورهاي اسلامي از بین برود، حکومت لازم است. اینکارها بدون حکومت وتشکیلات دولت انجام نمیشود. البته حکومت صالح لازم است ، حاکمي که قیم امین صالح باشد وگرنه حکومت کنندگان موجود بدرد نمیخورند چون جابر وفاسدند وصلاحیت ندارند .

چون در گذشته براي تشکیل حکومت وبرانداختن تسلط حکام خائن وفاسد بطور دسته جمعي وبالاتفاق قیام نکردیم وبعضي سستي بخرج دادند وحتی از بحث وتبلیغ نظریات ونظامات اسلامي مضایقه نمودند بلکه بعکس به دعاگوئي حکام ستمکار پرداختند این اوضاع بوجود آمد، نفوذ وحاکمیت اسلام در جامعه کم شد ، ملت اسلام دچار تجزیه وناتواني گشت، احکام اسلام بي اجرا ماند ودر آن تغییر وتبدیل واقع

شد ، استعمارگران برای اغراض شوم خود بدست عمال سیاسی خود قوانین خارجی و فرهنگ اجنبی را در بین مسلمانان رواج دادند و مردم را غرب زده کردند . اینها همه برای این بود که ما قیم و رئیس و تشکیلات رهبری نداشتم . مــا تشکیلات حکومتی صالح مـــی خواهیم . این مطلب از واضحات است .

طرز حکومت اسلامی

اختلاف آن با سایر طرز حکومت‌ها

حکومت اسلامي هیچیك از انواع طرز حکومتهاي موجود نیست . مثلا استبدادي نیست که رئیس دولت مستبد وخودرأي باشد ، مال وجان مردم را ببازي بگیرد ودر آن بدخواه دخل وتصرف کند، هر کس را اراده اش تعلق گرفت بکشد وهر کس را خواست انعام کند وبهر که خواست تیول بدهد واملاك واموال ملت را به این وآن ببخشد . رسول اکرم (ص) وحضرت امیر المؤمنین (ع) وسایر خلفا هم چنین اختیاراتي نداشتند . حکومت اسلامي نه استبدادي است ونه مطلقه ، بلکه مشروطه است. البته نه مشروطه بمعنی متعارف فعلی آن که تصویب قوانین تابع آراء اشخاص واکثریت باشد. مشروطه از اینجهت که حکومت کنندگان در اجرا واداره مقید به یك مجموعه شرط هستند که در قرآن کریم وسنت

رسول اکرم (ص) معین گشته است . مجموعهٔ شرط همان احکام وقوانین اسلام است که باید رعایت واجرا شود . از اینجهت حکومت اسلامی حکومت قانون الهي برمردم است.

فرق اساسي حکومت اسلامی باحکومتهاي مشروطهٔ سلطنتي وجمهوري در همین است . در این که نمایند گان مردم یا شاه دراینگونه رژیمها به قانونگزاري مي پر دازند در صورتیکه قدرت مقننه واختیار تشریع در اسلام به خداوند متعال اختصاص یافته است . شارع مقدس اسلام یگانه قدرت مقننه است . هیچکس حق قانونگزاري ندارد وهیچ قانوني جز حکم شارع رانمیتوان بمورد اجرا گذاشت . بهمین سبب در حکومت اسلامی بجاي مجلس قانونگزاری که یکي از سه دسته حکومت کنند گان را تشکیل میدهد[1] مجلس برنامه ریزي وجود دارد که براي وزارتخانه هاي مختلف در پرتو احکام اسلام برنامه ترتیب میدهد وبا این برنامه ها کیفیت انجام خدمات عمومي را در سراسر کشور تعیین میکند .

مجموعهٔ قوانین اسلام که در قرآن وسنت گرد آمده توسط مسلمانان پذیرفته ومطاع شناخته شده است . این توافق

---

۱ ـ آن دودسته عبارتند از قضات یا صاحبان قوه قضائیه وهیئت وزیران یا صاحبان قوه اجرائیه . در همه اشکال حکومت در اعصار جدید این سه دسته تشکیل حکام رامیدهند .

وپذیرفتن ، کار حکومت را آسان نموده وبه خود مردم متعلق کرده است. در صورتیکه در حکومتهاي جمهوري ومشروطهٔ سلطنتي ، اکثریت کساني که خود را نمایندهٔ اکثریت مردم معرفي مینمایند هرچه خواستند بنام قانون تصویب کرده سپس برهمهٔ مردم تحمیل میکنند .

حکومت اسلام حکومت قانون است . در این طرز حکومت ، حاکمیت منحصر به خدا است وقانون فرمان وحکم خدا است . قانون اسلام یا فرمان خدا برهمهٔ افراد وبر دولت اسلامي حکومت تام دارد . همه افراد از رسول اکرم (ص) گرفته تا خلفاي آن حضرت وسایر افراد تا ابد تابع قانون هستند ، همان قانوني که از طرف خداي تبارك وتعالیٰ نازل شده ودر لسان قرآن ونبي اکرم (ص) بیان شده است . اگر رسول اکرم (ص) خلافت را عهده دار شد به امر خدا بود . خداي تبارك وتعالی آن حضرت را خلیفه قرار داده است : « خلیفة الله في الأرض » نه این که به رأي خود حکومتي تشکیل دهد وبخواهد رئیس مسلمین شود . همچنین بعد از این که احتمال میرفت اختلافاتي در امت پدید آید — چون تازه به اسلام ایمان آورده وجدید العهد بودند — خدای تعالی از راه وحي رسول اکرم (ص) را الزام کرد که فوراً همانجا وسط بیابان امر خلافت را ابلاغ کند. پس رسول اکرم

(ص) بحكم قانون وبه تبعيت از قانون ، حضرت امير المؤمنين (ع) را به خلافت تعيين كرد ، نه باين خاطر كه دامادش بود يا خدماتي كرده بود بلكه چون مأمور وتابع حكم خدا ومجرى فرمان خدا بود .

باري ، حكومت در اسلام بمفهوم تبعيت از قانون است ، وفقط قانون بر جامعه حكمفرمائى دارد. آنجا هم كه اختيارات محدودى به رسول اكرم (ص) وولات داده شده از طرف خداوند است. حضرت رسول اكرم (ص) هروقت مطلبي را بيان يا حكمى را ابلاغ كرده‌اند به پيروى از قانون الهى بوده است ، قانونى كه همه بدون استثنا بايستي از آن پيروي وتبعيت كنند . حكم الهى براى رئيس ومرئوس متبع است . يگانه حكم وقانونى كه براي مردم متبع ولازم الاجرا است همان حكم وقانون خدا است . تبعيت از رسول اكرم (ص) هم به حكم خدا است كه مى فرمايد : « واطيعوا الرسول » از پيامبر پيروي كنيد. پيروى از متصديان حكومت يا « اولي الامر » نيز بحكم الهى است آنجا كه ميفرمايد : « اطيعوا ... اولي الأمر منكم » . رأى اشخاص حتى رأى رسول اكرم(ص) در حكومت وقانون الهى هيچگونه دخالتي ندارد . همه تابع ارادهٔ الهى هستند .

حكومت اسلام ، سلطنتي هم نيست تاچه رسد به

شاهنشاهی و امپراطوري . در این نوع حکومت ها حکام برجان ومال مردم « مسلط »هستند وخود سرانه در آن دخل وتصرف میکنند. اسلام از این رویه وطرزحکومت منزه است. بهمین جهت در حکومت اسلامی بر خلاف رژیم سلطنت وشاهنشاهی وامپراطوری اثري از کاخهاي بزرگ ، عمارات کذائی ، خدم وحشم ، دفتر مخصوص ، دفتر ولیعهد ، ودیگر لوازم سلطنت که نصف یا بسیاري بودجهٔ مملکت را ازبین میبرد نیست . زندگی پیغمبر اکرم (ص) را که رئیس دولت اسلام بود وحکومت میکرد همه میدانید . بعد از آنحضرت نیزتا قبل از دورهٔ بنی امیه این سیره وروش باقي بود . دونفر اول سیرهٔ پیغمبر (ص) را درزندگی شخصی وظاهري حفظ کرده‌بودند گرچه‌درامور دیگر مخالفت‌ها کردند که انحراف فاحش دورهٔ عثمان ظاهر شد ، همان انحراف هائی که مارا امروز باین مصیبت هادچار کرده است.در عهد حضرت امیر المؤمنین (ع) طرز حکومت اصلاح شده ورویه واسلوب حکومت صالح بود. آنحضرت با این که بر کشور پهناوري حکومت میکرد که ایران ومصر وحجاز ویمن از استانهاي آن بوه طوري زندگی میکرد که یك طلبهٔ فقیر هم نمیتواند زندگی کند . بحسب نقل وقتي که دوپیراهن خرید یکي را که بهتر بود به قنبر (مستخدم خود) داد وپیراهن دیگر را که آستینش بلند بود برای خود برداشت وزیادي آستین را پاره

کرده پیراهن آستین پاره را برتن کرد . در صورتیکه بر کشور بزرگ وپرجمعیت وپردرآمدي فرمانروائي میکرد .

هرگاه این سیره حفظ میشد وحکومت بشیوهٔ اسلام میبود نه تسلط برجان ومال مردم ، نه سلطنت ونه شاهنشاهي این ظلمها وغارتگریها ودستبرد به خزانهٔ عمومـــي وفحشاء ومنکرات واقع نمیشد . بسیاري از این مفاسد از همان هیئت حاکمه وخانوادهٔ حاکم مستبد وهوسران سرچشمه میگیرد . این حکام هستند که اماکن فساد درست میکنند ، مراکز فحشاء ومیگساري میسازند وموقوفات را صرف ساخـــتن سیـنما میکنند .

اگر این تشریفات پرخرج سلطنتي واین ریخت وپاشها واختلاسها نبود بودجهٔ مملکت کسر نمیآورد تا در برابر آمریکا وانگلیس خاضع شوند وتقاضاي قرض وکمك کنند . مملکت بخاطر این ریخت وپاشها واختلاسها محتاج شده است ، وگرنه نفت ما کم است ؟ یا ذخائر ومعادن نداریم ؟ همه چیز داریم ، لکن این مفت خوریها واختلاسها وگشاد بازیها ئي که بحساب مردم واز خزانهٔ عمومي میشود مملکت را بیچاره کرده است. اگر اینها نبود احتیاج پیدا نمیکرد که از اینجا راه بیفتد برود آمریکا در برابر میز آن مردك (رئیس جمهور آمریکا) گردن کج کند که مثلا بما کمك کنید .

از طرف دیگر تشکیلات اداري زائد وطرز ادارهٔ توأم باپرونده سازي وکاغذ بازي که از اسلام بیگانه است خرجهائي بر بودجهٔ مملکت تحمیل میکند که از خرجهاي حرام نوع أول کمتر نیست . این سیستم اداري از اسلام بعید است . این تشریفات زائد که براي مردم جز خرج وزحمت ومعطلي چیزي ندارد از اسلام نیست . مثلاً آن طرزي که اسلام براي احقاق حقوق وحل وفصل دعاوي واجراي حدود وقانون جزا تعیین کرده است بسیار ساده وعملي وسریع است. آنوقت که آئین دادرسي اسلام معمول بود قاضي شرع در یك شهر بادوسه نفر مأمور اجرا ویك قلم ودوات فصل خصومات میکرد ومردم رابسراغ کاروزندگي میفرستاد . أما حالا این تشکیلات اداري دادگستري وتشریفات آن خدا میداندچقدر زیاد است وتازه هیچکاري هم از پیش نمبرد . اینهاست که مملکت را محتاج میکند وجز زحمت ومعطلي اثري ندارد .

شرایط زمامدار

شرایطي که براي زمامدار ضروري است مستقیماً ناشي ازطبیعت طرز حکومت اسلامي است. پس از شرایط عامه مثل عقل وتدبیر دوشرط اساسي وجود دارد که عبارتند از :

۱ ـ علم به قانون ۲ ـ عدالت .

چنانکه پس از رسول اکرم (ص) وقتي در آن کس

که باید عهده دار خلافت شود اختلاف پیداشد باز در این که مسؤول امر خلافت باید فاضل باشد هیچگونه اختلاف نظري میان مسلمانان بروزنکرد اختلاف فقط در موضوع بود .

۱ – چون حکومت اسلام حکومت قانون است براي زمامدار علم به قوانین لازم میباشد چنانکه در روایت آمده است . نه فقط براي زمامدار بلکه براي همهٔ افراد هر شغل یا وظیفه ومقامي داشته باشند چنین علمي ضرورت دارد. منتهی حاکم باید افضلیت علمي داشته باشد. ائمهٔ ما براي امامت خودشان بهمین مطلب استدلال کردند که امام باید فضل بر دیگران داشته باشد . اشکالاتي هم که علماء شیعه بر دیگران نموده اند در همین بوده که فلان حکم را از خلیفه پرسیدند نتوانست جواب بگوید ، پس لایق خلافت وامامت نیست. فلان کار را بر خلاف احکام اسلام انجام داد پس لایق امامت نیست و...

قانوندانی وعدالت از نظر مسلمانان شرط ورکن اساسي است ، چیز هاي دیگر در آن دخالت وضرورت ندارد . مثلا علم به چگونگي ملائکه ، علم به اینکه صانع تبارك وتعالی داراي چه اوصافي است ، هیچیك در موضوع امامت دخالت ندارد . چنانکه اگر کسي همهٔ علوم طبیعي را بداند وتمام قواي طبیعت را کشف کند یا موسیقی را خوب بلد باشد

شایستگي خلافت راپیدا نمیکندونه باینوسیله برکساني که قانون اسلام رامیدانند وعادلند نسبت بـــه تصدي حکومت اولویت پیدامیکند. آنچه مربوط به خلافت است ودر زمان رسول اکرم (ص) وائمهٔ ما (ع) دربارهٔ آن صحبت وبحث شده وبین مسلمانان هم مسلم بوده این است که حاکم وخلیفـــه اولاً باید احکام اسلام را بدا ند یعني قانوندان باشد و ثانیـاً عدالت داشته از کمال اعتقادي واخلاقي برخودار باشد . عقل همین اقتضا را دارد ، زیرا حکومت اسلامي حکومت قانون است نه خود سري ونه حکومت اشخاص برمردم . اگــر زمامدار مطالب قانوني راندا ند لایق حکومت نیست . چون اگر تقلید کند قدرت حکومت شکسته میشود واگرنکند نمیتواند حاکم ومجري قانون اسلام باشد . واین مسلم است که « الفقهاء حکام علی السلاطین » . سلاطین اگر تابع اسلام باشند باید به تبعیت فقها درآیند وقوانین واحکام را از فقها بپرسند واجرا کنند . در اینصورت حکام حقیقي همان فقها هستند ، پس بایستي حاکمیت رسماً به فقها تعلق بگیرد نه به کساني که بعلت جهل بقانون مجبورند از فقها تبعیت کنند .

البته لازم نیست که صاحب منصبـان ومرزبانان وکارمندان اداري همهٔ قوانین اسلام رابدانند وفقیه باشند بلکه کافي است قوانین مربوط به شغل ووظیفهٔ خویش را بداننـد .

چنانکه در زمان پیغمبر (ص) وامیر المؤمنین (ع) اینطور بوده است . مصدر امور باید داراي این دو امتیاز باشد لکن معاونین وصاحب منصبان ومأموراني که به شهرستانها فرستاده میشوند باید قوانین مربوط بکار خود را دانسته ودر موارد دیگر از مصدر امر بپرسند .

۲-زمامدار بایستي از کمال اعتقادي واخلاقي برخوردار وعادل باشد ودامنش بـه معاصي آلوده نباشد . کسي که میخواهد حدود جاري کند یعني قانون جزاي اسلام را بمورد اجرا گذارد ، متصدي بیت المال وخرج ودخل مملکت شود ، وخداوند اختیار ادارهٔ بندگانش رابه او بدهد باید معصیت کارنباشد : « ولا ینال عهدي الظالمین » ، خداوند تبارك وتعالی به جائر چنین اختیاري نمیدهد .

زمامدار اگر عادل نباشد در دادن حقوق مسلمین ، اخذ مالیاتها وصرف صحیح آن ، واجراي قانون‌جزا ،عادلانه رفتار نخواهد کرد ، وممکن است اعوان وانصار ونزدیکان خودرا بر جامعه تحمیل نماید وبیت المال مسلمین را صرف اغراض شخصي وهوسراني خویش کند .

بنابراین ، نظریهٔ شیعه در مورد طرز حکومت واین که چه کساني باید عهده دار آن شوند در دورهٔ رحلت پیغمبر اکرم (ص) تا زمان غیبت ، واضح است . بموجب آن ، امام

باید فاضل وعالم به احکام وقوانین ودر اجراي آن عادل باشد.

شرایط زمامدار در دوره غیبت

اکنون که دوران غیبت امام عليه‌السلام پیش آمده وبناست احکام حکومتي اسلام باقي بماند واستمرار پیدا کند وهرج ومرج روا نیست تشکیل حکومت لازم میآید . عقل هم بما حکم میکند که تشکیلات لازم است تا اگر بما هجوم آوردند بتوانیم جلوگیري کنیم ، اگر بنوامیس مسلمین تهاجم کردند دفاع کنیم . شرع مقدس هم دستور داده که باید همیشه در برابر اشخاصي که میخواهند بشما تجاوز کنند براي دفاع آماده باشید ، براي جلوگیري از تعدیات افراد نسبت بیکدیگر هم حکومت ودستگاه قضائي واجرائي لازم است . چون این امور بخودي خود صورت نمیگیرد باید حکومت تشکیل داد. چون تشکیل حکومت واداره جامعه بودجه ومالیات میخواهد شارع مقدس بودجه وانواع مالیاتش را نیز تعیین نموده است مانند خراجات ، خمس ، زکاة ، وغیره ...

اکنون که شخص معیني از طرف خداي تبارك وتعالی براي احراز امر حکومت در دورهٔ غیبت تعیین نشده است تکلیف چیست ؟ آیا باید اسلام را رها کنید ؟ دیگر اسلام نمیخواهیم ؟ اسلام فقط براي دویست سال بود ؟ یا این که

اسلام تکلیف را معین کرده است ولی تکلیف حکومتی نداریم ؟

معناي نداشتن حکومت این است که تمام حدود وثغور مسلمین از دست برود ، ومابا بي حالي دست روي دست بگذاریم که هرکاري میخواهند بکنند ؟ وما اگر کارهاي آنها را امضاء نکنیم رد نمیکنیم . آیاباید اینطور باشد ؟ یا این که حکومت لازم‌است واگر خدا شخص‌معینی را براي حکومت در دورهٔ غیبت تعیین نکرده است لکن آن خاصیت حکومتي را که از صدر اسلام تا زمان حضرت صاحب (ع) موجود بود براي بعد از غیبت هم قرار داده است .

این خاصیت که عبارت از علم به قانون وعدالت باشد در عدهٔ بیشماري از فقهاي عصر ما موجود است . اگر باهم اجتماع کنند میتوانند حکومت عدل عمومي در عالم تشکیل دهند .

ولایت فقیه

اگر فرد لایقي که داراي ایندوخصلت باشد بپاخاست وتشکیل حکومت داد همان ولایتي راکه‌حضرت رسول‌اکرم (ص) در امر ادارهٔ جامعه داشت دارا میباشد ، وبرهمهٔ مردم لازم است که از او اطاعت کنند .

این توهم که اختیارات حکومتی رسول اکرم (ص) بیشتر از حضرت امیر (ع) بود یا اختیارات حکومتی حضرت امیر (ع) بیش از فقیه است باطل وغلط . است البته فضائل حضرت رسول اکرم (ص) بیش از همهٔ عالم است. وبعد از ایشان فضائل حضرت امیر (ع) از همه بیشتر است . لکن زیادی فضائل معنوی اختیارات حکومتی را افزایش نمیدهد. همان اختیارات وولایتی که حضرت رسول ودیگر ائمه صلوات الله علیهم در تدارك وبسیج سپاه ، تعیین ولات واستانداران ، گرفتن مالیات وصرف آن در مصالح مسلمانان داشتند خداوند همان اختیارات را برای حکومت فعلی قرار داده است ، منتهی شخص معینی نیست ، روی عنوان : « عالم عادل » است .

ولایت اعتباری

وقتی میگوئیم ولایتی راکه رسول اکرم (ص) وائمه (ع) داشتند بعد از غیبت ، فقیه عادل دارد برای هیچکس این توهم نباید پیدا شود که مقام فقها همان مقام ائمه (ع) ورسول اکرم (ص) است . زیرا اینجا صحبت از مقام نیست بلکه صحبت از وظیفه است . ولایت یعنی حکومت واداره کشور واجرای قوانین شرع مقدس ، یك وظیفهٔ سنگین ومهم است نه این که برای کسی شأن ومقام غیر عادی بوجود

بیاورد واورا از حد انسان عادي بالاتر ببرد . بعبارت دیگر ولایت مورد بحث یعنی حکومت واجرا واداره بر خلاف تصوري که خیلی افراد دارند امتیاز نیست بلکه وظیفه اي خطیر است .

ولایت فقیه از امور اعتباري عقلائي است وواقعیتي جز جعل ندارد ، مانند جعل (قرار دادن وتعیین) قیم برای صغار . قیم ملت با قیم صغار از لحاظ وظیفه وموقعیت هیچ فرقی ندارد . مثل این است که امام (ع) کسي رابراي حضانت ، حکومت یا منصبي از مناصب تعیین کند . در این موارد معقول نیست که رسول اکرم (ص) وامام با فقیه فرق داشته باشد .

مثلا یکي از اموری که فقیه متصدي ولایت آن است اجراي حدود (یعنی قانون جزاي اسلام) است . آیا در اجراي حدود بین رسول اکرم (ص) وامام وفقیه امتیازی است ؟ یا چون رتبهٔ فقیه پائین تراست باید کمتر بزند؟ حد زاني که صد تازیانه است اگر رسول اکرم (ص) جاري کند ۱۵۰ تازیانه میزند وحضرت امیر المؤمنین (ع) ۱۰۰ تازیانه وفقیه ۵۰ تازیانه ؟ یا این که حاکم ، متصدی قوهٔ اجرائیه است وباید حد خدارا جاري کند ، چه رسول الله ﷺ باشد وچه حضرت امیر المؤمنین (ع) یا نماینده وقاضي آن حضرت در

بصره و کوفه ، یا فقیه عصر .

دیگر از شؤون رسول اکرم (ص) و حضرت امیر (ع)
اخذ مالیات ، خمس ، زکات ، جزیه، و خراج اراضی خراجیه
است . آیا رسول اکرم (ص) اگر زکات بگیرد چقدر میگیرد؟
از یك جا ده یك و از یك جا بیست یك ؟ حضرت امیر المؤمنین
(ع) خلیفه شدند چه میکنند ؟ جنا بعالی فقیه عصر و نافذ
الکلمه شدید چطور ؟ آیا دراین امور ، ولایت رسول اکرم
(ص) با حضرت امیر المؤمنین (ع) و فقیه فرق دارد ؟ خداوند
متعال رسول اکرم (ص) را « ولی » همهٔ مسلمانان قرار داده
و تا وقتی آن حضرت باشند حق بر حضرت امیر (ع) ولایت
دارند . پس از آن حضرت ، امام برهمهٔ مسلمانان حق بر امام
بعد از خود ولایت دارد ، یعنی اوامر حکومتی او در بارهٔ همه
نافذ و جاری است و میتواند قاضی و والی نصب و عزل کند .

همین ولایتی که برای رسول اکرم (ص) و امام در
تشکیل حکومت و اجرا و تصدی اداره هست برای فقیه هم
هست . لکن فقهاء « ولی مطلق » باین معنی نیستند که برهمهٔ
فقهای زمان خود ولایت داشته باشند و بتوانند فقیه دیگری
را عزل یا نصب نمایند . در این معنی ، مراتب و درجات نیست
که یکی در مرتبهٔ بالاتر و دیگری در مرتبهٔ پائین تر باشد ،
یکی والی و دیگری والی تر باشد .

پس از ثبوت این مطلب ، لازم است که فقها اجتماعاً یا انفراداً برای اجرای حدود وحفظ ثغور ونظام ، حکومت شرعی تشکیل دهند . این امر اگر برای کسی امکان داشته باشد واجب عینی است وگرنه واجب کفائی است ، درصورتی هم که ممکن نباشد ولایت ساقط نمیشود ، زیرا از جانب خدا منصوبند . اگر توانستند باید مالیات ، زکات ، خمس ، وخراج رابگیرند ودر مصالح مسلمین صرف کنند ، واجرای حدود کنند . اینطور نیست که حالا که نمی توانیم حکومت عمومی وسراسری تشکیل بدهیم کنار بنشینیم ، بلکه تمام امور که مسلمین محتاجند واز وظائفی است که حکومت اسلامی باید عهده دار شود هر مقدار که میتوانیم باید انجام دهیم .

ولایت تکوینی

لازمهٔ اثبات ولایت وحکومت برای امام (ع) این نیست که مقام معنوی نداشته باشد . برای امام مقامات معنوی هم هست که جدا از وظیفهٔ حکومت است . وآن ، مقام خلافت کلی الهی است که گاهی در لسان ائمه علیهم السلام از آن یا دشده است . خلافتی است تکوینی که بموجب آن جمیع ذرات در برابر « ولی امر » خاضعند . از ضروریات مذهب ما است که کسی به مقامات معنوی ائمه (ع) نمیرسد حتی ملک مقرب ونبی مرسل . اصولاً رسول اکرم (ص) وائمه

(ع) طبق رواياتي که داريم قبل از اين عالم، انواری بوده اند در ظل عرش، ودر انعقاد نطفه وطينت از بقيهٔ مردم امتياز داشته اند. ومقاماتي دارند الی ما شاء الله، چنانکه در روايات معراج، جبرئيل عرض ميکند: «لو دنوت انملة لاحترقت» هرگاه کمی نزديك ترميشدم سوخته بودم. يا اين فرمايش که «ان لنا مع الله حالات لا يسعه ملك مقرب ولا نبي مرسل» ما باخدا حالاتي داريم که نه فرشتهٔ مقرب آنرا ميتواند داشته باشد ونه پيامبر مرسل. اين، جزء اصول مذهب ما است که ائمه (ع) چنين مقاماتي دارند قبل از آنکه موضوع حکومت درميان باشد. چنانکه بحسب روايات، اين مقامات معنوي براي حضرت زهراء سلام الله عليها هم هست با اين که آن حضرت نه حاکم است ونه قاضي ونه خليفه. اين مقامات سواي وظيفهٔ حکومت است. لذا وقتي ميگوئيم حضرت زهراء عليها سلام قاضي وخليفه نيست لازمه اش اين نيست که مثل من وشما است يا برما برتري معنوی ندارد. همچنين اگر کسي قائل شد که «النبي اولی بالمؤمنين من أنفسهم» سخني در بارهٔ رسول اکرم (ص) گفته بالاتراز اين که آن حضرت مقام ولايت وحکومت بر مؤمنان را دارد. وما دراين باره اکنون صحبتي نداريم، زيرا بعهدهٔ علم ديگري است.

حکومت وسیله ای است
برای تحقق هدفهای عالی

عهده دار شدن حکومت في حد ذاته ، شأن ومقامی
نیست ، بلکه وسیلهٔ انجام وظیفهٔ اجرای احکام وبرقراری
نظام عادلانهٔ اسلام است . حضرت امیر المؤمنین (ع) دربارهٔ
نفس حکومت وفرماندهی به ابن عباس فرمود : این کفش
چقدر می ارزد ؟ گفت : هیچ . فرمود: فرماندهی بر شما نزد
من از این هم کم ارزش تر است، مگر این که بوسیلهٔ فرماندهی
وحکومت بر شما بتوانم حق (یعني قانون ونظام اسلام) را
برقرار سازم وباطل (یعني قانون ونظامات نارواوظالمانه)
را ازمیان بردارم .

پس ، نفس حاکم شدن وفرمانروائی ، وسیله ای بیش
نیست ، وبرای مردان خدا اگر این وسیله بکار خیر وتحقق
هدفهای عالی نیاید هیچ ارزش ندارد . لذا در خطبهٔ نهج
البلاغه میفرماید : «اگر حجت بر من تمام نشده وملزم باین
کار نشده بودم آن را (یعنی فرماندهی وحکومت) را رها
میکردم » . بدیهی است تصدي حکومت ، بدست آوردن
یک وسیله است نه این که یک مقام معنوي باشد ، زیرا اگر
مقام معنوی بود کسي نمیتوانست آنرا غصب کند یارها سازد.
هرگاه حکومت وفرماندهی وسیلهٔ اجرای احکام الهـــی

وبرقراری نظام عادلانهٔ اسلام شود قدر وارزش پیدامیکند ومتصدي آن صاحب ارجمندي ومعنویت بیشتر میشود .

بعضی از مردم چون دنیا چشمشان را پر کرده خیال میکنند که ریاست وحکومت في نفسه براي ائمه (ع) شأن ومقامی‌است که‌اگر برای دیگری ثابت شد دنیا بهم میخورد. حال آنکه نخست وزیر شوروی یا انگلیس ورئیس جمهور آمریکا حکومت دارند منتهی کافرند . کافرند اما حکومت ونفوذ سیاسي دارند واین حکومت ونفوذ واقتدار سیاسي را وسیلهٔ کامروائي خود از طریق اجراي قوانین وسیاستهاي ضد انساني میکنند .

ائمه وفقهاي عادل موظفند که از نظام وتشکیلات حکومتي براي اجراي احکام الهي وبرقراري نظام عادلانهٔ اسلام وخدمت به مردم استفاده کنند . صرف حکومت برای آنان جزرنج وزحمت چیزي ندارد ، منتهی چه بکنند ؟ مأمورند انجام وظیفه کنند ، موضوع ولایت فقیه مأموریت وانجام وظیفه است .

هدفهاي عالي حکومت

حضرت دربارهٔ این که چرا حاکم وفرمانده وعهده‌دار کار حکومت شده تصریح میکند که برای هدفهای عالي ،

برای این که حق را برقرار کند وباطل را ازمیان ببرد .
فرمایش امام این است که خدایا تومیداني مـــا برای بدست آوردن منصب وحکومت قیام نکرده ایم بلکه مقصود مـا نجات مظلومین از دست ستمکاران است . آنچه مرا وادار کرد که فرماندهی وحکومت برمردم راقبول کنم این بود که « خداي تبارك وتعالی از علما تعهد گرفته وآنان را موظف کرده که بر پرخوري وبهره‌مندي ظالمانهٔ ستمگران و گرسنگی جانکاه ستمدیدگان سکوت ننمایند »[۱] یامی فرماید : «اللهم انك قد تعلم انه لم یکن الذي کان منا منافسة في سلطـان ولا التماس شیيء من فضول الحطام » خدایا ! توخوب میداني که آنچه ازما سرزده وانجام شده رقابت براي بدست گرفتن قدرت سیاسي یا جستجوي چیزی از تمتعات ودر آمـد هاي زائد نبوده است .

وبلا فاصله دربارهٔ این که پس او ویا رانش به چـــه منظور کوشش وتلاش میکرده اند میفرماید : « ولکن لنرد المعالم من دینك ، نظهر الاصلاح في بلادك فیأمن المظلومون من عبادك ، وتقام المعطلة من حدودك ... » بلکه برای این بود که اصول روشن‌دینت را باز گردانیم وبتحقق رسانیم واصلاح

۱ ــ قسمتی از استدلال امام (ع) است در توجیه قبول کردن حکومت ، ضمن اولین نطقي که بعد از بیعت عمومـــی مردم در مسجد مدینه ایراد فرموده است : « ان الله تبارك وتعالی اخــذ علی العلماء ان لا یقاروا في کظة ظالم ولا في سغب مظلوم ... »

را در کشورت پدید آوریم تا در نتیجهٔ آن بندگان ستمدیده‌ات ایمنی یابند وقوانین (یا قانون جزای) تعطیل شده وبی اجرامانده ات به اجرا درآید وبرقرار گردد .

خصال لازم برای تحقق این هدفها

حاکمی که میخواهد بوسیلهٔ تشکیلات دولت وقدرت آمرانه ای که دارد هدفهای عالی اسلام را عملی کند ، همان هدفهائی را که امام (ع) شرح داد بایستی همان خصال ضروری را که سابقاً اشاره کردیم داشته باشد یعنی عالم به قانون وعادل باشد . بهمین جهت ، حضرت امیر المؤمنین (ع) بدنبال فرمایشات خود در تعیین هدفهای حکومت به خصال لازم حاکم اشاره می فرماید : « اللهم انی اول من اناب وسمع واجاب . لم یسبقنی الا رسول الله (ص) بالصلاة . وقد علمتم انه لا ینبغی ان یکون الوالی علی الفروج والدماء والمغانم والأحکام وامامة المسلمین البخیل » خدایا ! من اولین کسی بودم که رو بتو آورد و (دینت را که برزبان رسول الله (ص) جاری شد) شنید وپذیرفت . هیچکس جز پیغمبر خدا (ص) درنماز گزاردن بر من سبقت نجست . وشما مردم خوب میدانید که شایسته نیست کسی که برنوامیس وخونها ودر آمدها واحکام وقوانین وپیشوائی مسلمانان ولایت وحکومت پیدا میکند بخیل باشد .

« ولا الجاهل فيضلهم بجهله »

وبايد كه جاهل (ونا آگاه از قوانـين) نباشد تا از روى نادانى مردم را به گمراهي بكشاند .

« ولا الجافي فيقطعهم بجفائه ، ولا الخائف للدول فيتخذ قوماً دون قوم » .

وبايد كه جفا كار وخشن نباشد تا بعلت جفـاي او مردم با او قطع رابطه ومراوده كنند . ونـيز بايد كه از دولتها نترسد تا با يكي دوستي وبا ديگرى دشمني كند .

« ولا المرتشي في الحكم فيذهب بالحقوق ويقف بينهـا دون المقاصد ، ولا المعطل للسنة فيهلك الامة » .

وبايد كه دركار قضاوت رشوه خوار نباشد تا حقوق افراد راپايمال كند ونگذارد حق به حقدار برسد ، ونبايد كه سنت وقانون را تعطيل كندتا امت به گراهي ونابودى نرود.

درست توجه كنيد كه مطالب اين روايت حـــول دو موضوع دور ميزند : يكي علم وديگري عدالت ، واين‌دو را خصلت ضروري « والى » قرار داده است . در عبارت « ولا الجاهل فيضلهم بجهله » روى خصلت علم تكيه ميكند ودر ساير عبارات روى عدالت بمعناى واقعي تأكيد مينمايد. عدالت بمعناي واقعي اين است كه در ارتباط با دول ومعـاشرت با

مردم ومعاملات با مردم ودادرسي وقضا وتقسیم در آمد عمومي مانند حضرت امیر المؤمنین (ع) رفتار کند وطبق برنامه ای که برای مالك اشتر ودر حقیقت برای همهٔ والیان وحکام تعیین فرموده است چون بخشنامه ای است عمومي که فقها هم اگر والي شدند بایستي دستور العمل خویش بدانند .

ولایت فقیه باستناد اخبار

جانشینان رسول اکرم (ص) فقهای عادلند

از روایاتي که در دلالتش اشکال نیست این روایت است : « قال امیر المؤمنین (ع) : قال رسول الله (ص) : اللهم ارحم خلفائي - ثلاث مرات - قیل یا رسول الله ومن خلفائك ؟ قال : الذین یأتون من بعدي ، یروون حدیثی وسنتي[1] فیعلمونها الناس من بعدي » . امیر المؤمنین (ع) میفرماید که

---

۱ - صاحب وسائل الشیعة این حدیث را در کتاب قضا ، ابواب صفات قاضی ، باب ۸ ، حدیث ۵۰ ، ونیز باب ۱۱ ، حدیث ۷ بطور ارسال آورده است ، واز معانی الاخبار ومجالس بدو سند که در بعض رجال باهم مشترکند نقل میکند ودر عیون بسه سند مختلف که تمام رجال سند غیریکد یکرند ودرسه مکان دور از هم بسر میبرده اند - مرو ونیشابور وبلخ - نقل شده است .

رسول الله (ص) فرمود : خدایا ! جانشینان مرا رحمت کن - واین سخن راسه بارتکرار فرمود - پرسیده شد که ای پیغمبر خدا (ص) جانشینانت چه کسانی هستند ؟ فرمود : کسانی که بعد از من میآیند ، حدیث وسنت مرا نقل میکنند وآنرا پس از من بمردم میآموزند .

شیخ صدوق (علیه الرحمة) این روایت را در کتابهای جامع الاخبار ، عیون اخبار الرضا ، ومجالس ، از پنج طریق که تقریباً چهار طریق میشود - چون دو طریق از بعضی جهات مشترك است - نقل کرده است .

در مواردی که مسند ذکر شده است دریك مورد « فیعلمونها » ودر بقیهٔ موارد « فیعلمونها الناس » میباشد . وآنجاکه مرسل ذکر شده است فقط صدر روایت استوجملهٔ « فیعلمونها الناس من بعدی » را ندارد .

ما در بارهٔ این روایت روی دو فرض صحبتمیکنیم :
۱ - فرض کنیم روایت واحده باشد وجملهٔ « فیعلمونها ... » درذیل حدیث زیاده شده ، ویا این که جملهٔ مزبور بوده وافتاده است ، وسقوط جمله به واقع نزدیك تراست . زیرا اگر اضافه شده باشد نمیتوان گفت از روی خطا یا اشتباه بوده است ، چون همانطور که عرض شد روایت از چند طریق رسیده وراویان حدیث هم دور از هم زندگی میکرده اند ، یکی دربلخ ودیگری

در نیشابور وسومی درجای دیگر . با این وصف نمیشود عمداً این جمله زیاد شده باشد وبعید بنظر میرسد که‌چند نفر دور از هم بذهنشان بیاید که چنین جمله ای را به حدیث اضافه کنند. بنابر این اگر روایت واحده باشد ما قاطعیم که جملهٔ « فیعلمونها ... » از طریقی که صدوق (ره) نقل کرده اند ساقط شده واز قلم نساخ افتاده یا این که صدوق (ره) جمله را ذکر نکرده است .

۲ – فرض دیگر این که دو حدیث باشد یکي بدون جملهٔ « فیعلمونها ... » ودیگري با این جمله ، وارد شده باشد . بنابر این که جملهٔ مزبور در حدیث باشد قطعاً کساني را که شغل آنان نقل‌حدیث‌باشد واز خود رأی‌وفتوائي‌ندارندشامل نمیشود ، ونمیتوان گفت بعضي از محدثین که اصلاً حدیث را نمیفهمند ومصداق « رب حامل فقه لیس بفقیه » هستند ومانند دستگاه ضبط، اخبار وروایات‌را میگیرند ومی نویسند ودر دسترس مردم قرار میدهند ، خلیفه اند وعلوم اسلامي را تعلیم میدهند . البته زحمات آنان براي اسلام ومسلمین ارز نده است وبسیاری از آنان هم فقیه وصاحب رأی بوده‌اند مانند کلیني (ره) ، شیخ صدوق (ره) وپدر شیخ صدوق (ره) که‌از فقها بوده واحکام‌وعلوم‌اسلام را به مردم‌تعلیم‌مید اده‌اند. ما که میگوئیم شیخ صدوق (ره) با شیخ مفید (ره) فرق دارد مراد این نیست که شیخ صدوق (ره) فقاهت نداشته یا

اینکه فقاهت او از مفید (ره) کمتر بوده است. شیخ‌صدوق (ره) همان کسی است که دریك مجلس تمام اصول وفروع مذهب را شرح داده است . لکن فرق‌ایشان با مفید (ره) این است که مفید(ره) وامثال ایشان از مجتهد ینی هستند که نظر خود شان‌را در روایات واخبار بکارمي‌برده‌اند وصدوق (ره)از فقهائی است که نظر خود را بکار نمی برده یا کمتر بکار مي برده‌اند .

حدیث آنهائي را شامل میشود که علوم اسلام راگسترش میدهند واحکام اسلام رابیان میکنند ومردم را برای اسلام تربیت وآماده میسازندتا بدیگران تعلیم بدهند ، همانطور که رسول اکرم (ص) وائمه (ع) احکام اسلام را نشر وبسط میدادند ، حوزهٔ درس داشتند ، وچندین هزار نفر در مکتب آنان استفادهٔ علمي میکردند ، ووظیفه‌داشتند بمردم یاد بدهند معنای « یعلمونها الناس ... » همین است که علوم اسلام را بین مردم بسط و نشر بدهند واحکام اسلام را بمردم برسانند . اگر گفتیم که اسلام برای همهٔ مردم دنیا است این امر جزو واضحات عقول است که مسلمانان مخصوصاً علماي اسلام موظفند اسلام واحکام آن را گسترش بدهند وبه مردم دنیا معرفي نمایند .

در صورتیکه قائل شویم جملهٔ « یعلمونها الناس ... »

در ذیل حدیث نبوده است باید دید فرمودۀ پیغمبر اکرم(ص) « اللهم ارحم خلفائي ... والذين يأتون من بعدي يروون حديثي وسنتي » چه معنائي دارد .

دراینصورت روایت بازراویان حدیثي را که فقیه نباشند شامل نمیشود . زیرا سنن الهي که عبارت از تمام‌احکام است از باب اینکه به پیغمبر اکرم (ص) وارد شده سنن رسول الله (ص) نامیده میشود . پس کسي که میخواهد سنن رسول اکرم (ص) را نشر دهد باید تمام احکام الهي‌را بداند، صحیح را از سقیم تشخیص دهد ، اطلاق وتقیید ، عام وخاص وجمهای عقلائي را ملتفت باشد ، روایاتي را که در هنگام تقیه وارد شده از غیر آن تمیز بدهد وموازیني را که برای آن تعیین کرده اند بداند . محدثیني که بمرتبۀ اجتهاد نرسیده اند وفقط نقل حدیث میکنند این امور رانمیدانند وسنت واقعی رسول الله (ص) را نمیتوانند تشخیص دهند . واین از نظر رسول الله (ص) بي ارزش است . مسلم است که آن حضرت نمی خواسته اند فقط « قال رسول الله ﷺ » و « عن رسول الله ﷺ » - گرچه دروغ باشد واز آن حضرت نباشد - در بین مردم رواج پیدا کند ، بلکه منظور شان این بوده که سنت واقعي‌نشر شود واحکام‌حقیقي اسلام بین مردم گسترش یا بد . روایت « من حفظ على امتي اربعين حديثاً حشره الله فقيهاً » ، ودیگر روایاتي که در تمجید از نشر احادیث وارد

شده مربوط به محدثيني نيست كه اصلاً نمی فهمند حديث يعنی چه ؟ اينها راجع به اشخاصی است كه بتوانند حديث رسول اكرم (ص) را مطابق حكم واقعي اسلام تشخيص دهند . واين ممكن نيست مگر مجتهد وفقيه باشند كه تمام‌جوانب وقضاياي احكام رابسنجند وروی موازيني كه دردست دارنـــد ونيز موازيني كه اسلام وائمه (ع) معين كرده اند احكام واقعي اسلام رابدست آورند . اينان خليفهٔ رسول الله (ص) هستند كه احكام الهی راگسترش ميدهند وعلوم اسلامي رابه مردم تعليم ميكنند ، وحضرت در حـــق آنان دعاكرده است :

« اللهم ارحم خلفائي ... »

بنابراين جای ترديد نيست كه روايت « اللهم ارحم خلفائی ... » شامل راويان حديثي كه حكم كاتب را دارنـــد نميشود ، ويك كاتب ونويسنده نمی تواند خليفه رسول اكرم (ص) باشد . منظور از خلفاء ، فقهای اسلامند . نشر وبسط احكام وتعليم وتربيت مردم با فقهائي است كه عادلند ، زيرا اگر عادل نباشند مثل قضائي هستند كه روايت بر ضد اسلام جعـــل كردنـــد ، مانند سمرة بن جندب كه برضد حضرت امير المؤمنين (ع) روايت جعل كرد . واگر فقيه نباشندنمی توانند بفهمند كه فقه چيست وحكم اسلام كدام ؟ وممكن است هزاران روايت رانشر بدهند كه از عمال ظلمه وآخوند های درباری در تعريف سلاطين جعل شده است . بطوريكه

ملاحظه میکنید بادو روایت ضعیف چه بساطی راه انداخته اند وآنرا در مقابل قرآن قرار داده اند ، قرآنی که جدیت دارد برضد سلاطین قیام کنید وموسی را به قیام علیه سلاطین وامیدارد . علاوه برقرآن مجید ، روایات بسیاری دربارهٔ مبارزه با ستمگران وکساني که در دین تصرف میکنند وارد شده است . تنبل ها اینها را کنار گذاشته ، آن دو روایت ضعیف را که شاید وعاظ السلاطین جعل کرده اند دردست گرفته ومستند قرار داده اند که باید با سلاطین ساخت ودر باري شد . اگر اینها اهل روایت ودینشناس بودند به روایات بسیاری که برضد ظلمه است عمل میکردند. واگر اهل روایت هم هستند باز عدالت ندارند . چون عادل واز معاصي بدور نیستند از قرآن وآنهمه روایت چشم پوشي کرده به دو روایت ضعیف مي چسبند . شکم آنها ست که آنها را متوسل به ایندو روایت ضعیف کرده نه علم . این شکم وحب جاه است که انسان را درباری میکند نه روایت.

درهر صورت ، گسترش دادن علوم اسلام ونشر احکام با فقهاي عادل است تا احکام واقعي را از غیر واقعي ، وروایاتي که ائمه (ع) از روي تقیه صادر کرده اند تمیز بدهند . چون میدانیم که ائمهٔ ما گاهي در شرایطي بودند که نمیتوانستند حکم واقع رابگویند وگرفتار حکام ستمگر وجائر بودند ودرحال شدت تقیه وخوف بسر مي بردند –

البته خوف از برای مذهب داشتند نه برای خودشان ــ که
اگر در بعضی موارد تقیه نمیشد حکام ستمگر ریشهٔ مذهب
را قطع میکردند

و اما دلالت حدیث شریف بر ولایت فقیه نباید جای
تردید باشد زیرا خلافت همان جانشینی در تمام شؤون نبوت
است و جملهٔ «اللهم ارحم خلفائی» دست کم از جملهٔ « علـی
خلیفتی » ندارد و معنی خلافت در آن غیر معنی خلافت در
دوم نیست و جملهٔ « الذین یأتون من بعدی و یروون حدیثی »
معرفی خلفا است نه معنی خلافت،زیرا معنی خلافت در صدر
اسلام امر مجهولی نبود که محتاج بیان باشد . و « سائل » نیز
معنی خلافت را نپرسید بلکه اشخاص را خواست معـرفی
فرماید و ایشان با این وصف معرفی فرمودند.جای تعجب است
که هیچکس از جملهٔ « علی خلیفتی » یا « الأئمة خلفائی »مسئله
گوئی نفهمیده و استدلال برای خلافت و حکومت ائمه به آن
شده است لکن در جملهٔ «خلفائی...» که رسیده اند توقف نموده
اند و این نیست مگر بواسطهٔ آنکه گمان کرده اند خلافت رسول
الله محدود بحد خاصی است یا مخصوص باشخاص خاصی و چون
ائمه علیهم السلام هریک خلیفه هستند نمیشود پس از ائمه علمـاء
فرمانروا و حاکم و خلیفه باشند و باید اسـلام بی سرپرست
و احکام اسلام تعطیل باشد و حـدود و ثغور اسلام دستخوش

اعداء دین باشد وآن همه کجروی رائج شود که اسلام از آن بری است .

* * *

« محمد بن یحیی ، عن أحمد بن محمد ، عن ابن محبوب ، عن علي بن أبي حمزة ، قال : سمعت أبا الحسن موسى بن جعفر علیهما السلام یقول : إذا مات المؤمن بکت علیه الملائکة وبقاع الأرض التي کان یعبد الله علیها ، وأبواب السماء التي کان یصعد فیها بأعماله ، وثلم في الإسلام ثلمة لا یسدها شيء ، لأن المؤمنین الفقهاء حصون الاسلام کحصن سور المدینة لها .. »[1] میگوید از امام موسی بن جعفر الصادق (ع) شنیدم که مي فرمود : هرگاه مؤمن (یا فقیه مؤمن) بمیرد فرشتگان براومی گریند وقطعات زمیني که برآن بپرستش خدا برمیخاسته ودر های آسمان که با اعمالش بدان فرامیرفته است ، ودر (دژ) اسلام شکافي پدیـدارخواهد شد که هیچ چیز آنرا ترمیم نمیکند ، زیرا فقهای مؤمن دژ های اسلامند وبرای اسلام نقش حصار مدینه رابرای مدینه دارند .

درباره متن این روایت

درهمین باب از کتاب « کافي » روایت دیگري هست

---

۱ ــ کافی ، کتاب فضل العلم ، باب فقد العلماء ، حدیث سوم

که بجاي « اذا مات المؤمن » جملهٔ « اذا مات المؤمن الفقيه » دارد . در حاليکه صدر روايتي که نقل کرديم کلمهٔ « الفقيه » رانداراد ، لکن از ذيل آن که تعليل ميفرمايد به « لأن المؤمنين الفقهاء معلوم ميشود کلمهٔ فقيه از بالاي روايت افتاده باشد ، مخصوصاً با مناسبتي که از « ثلم في الاسلام » « حصن » ومانند آن استفاده ميشود که تمام مناسب با فقهاء است .

در مفهوم روايت

اين که مى فرمايد : « مؤمنان فقيه دژ هاي اسلامند» در حقيقت فقها را موظف ومأمور ميکند که نگهبان باشند واز عقايد واحکام ونظامات اسلام نگهباني کنند. بديهي است اين فرمايش امام بهيچوجه جنبهٔ تشريفات ندارد . مثل تعارفاتي نيست که به هم ميکنيم ، من بشما شر يعتمدار ميگويم وشمابمن شريعتمدار ميگوئيد ! يا مثل اينکه پشت پاکت به هم مى نويسيم : « حضرت مستطاب حجة الاسلام » .

اگر فقيه کنج منزل بنشيند ودر هيچ امري از امور دخالت نکند ، نه قوانين اسلام را حفظ کند ، نه احکام اسلام رانشردهد،نه دخالت در امور اجتاعى مسلمانان کندونه اهتام به امور مسلمين داشته باشد به او « حصن الاسلام » گفته ميشود ؟ او حافظ اسلام است ؟

اگر رئیس حکومتي به صاحب منصب یا سرداري بگوید: «برو فلان ناحیه را حفظ کن وحافظ آن ناحیه باش» وظیفهٔ نگهباني او اجازه میدهد که برود خانه بخوابد تا دشمن بیاید آن ناحیه را از بین ببرد؟ یا به هر نحوي که میتواند باید در حفظ آن ناحیه جدیت کند؟

اگر بگوئید که ما بعضي احکام اسلام را حفظ مي کنیم، من از شما سؤال میکنم:

– آیا حدود راجاري وقانون جزای اسلام را اجـرا مي کنید؟

– نه

– شکافي در اینجا ایجاد گردید ودر هنگامي کـه شما وظیفهٔ نگهباني داشتید قسمتي از دیوار خراب شد.

– مرزهای مسلمین وتمامیت ارضي وطن اسلامـي را حفظ میکنید؟

– نه، کارما دعاگوئي است!

– قسمت دیگر دیوارهم فروریخت.

– شما از ثروتمندان حقوق فقرا را میگیرید وبه آنان میرسانید؟ چون وظیفهٔ اسلامي شما این است که بگیریـد وبدیگران بدهید.

ـ نه ، اینها مربوط به مانیست ! انشاء الله دیگران میآیند انجام میدهند !

ـ دیوار دیگرهم خراب شد . شما ماندید مثـل شاه سلطان حسین واصفهان . این چه حصنی است که هرگوشه ای را به آقای « حصن الاسلام»عرضه بداریم عذرخواهی میکند؟ آیا معنی « حصن » همین است ؟!

این که فرموده اند « فقها حصون اسلامند» یعنی مکلفند اسلام را حفظ کنند وزمینه ای را فراهم آورند که بتواننـد حافظ اسلام باشند . واین از اهم واجبات است وازو اجبـات مطلق میباشد نه مشروط . واز جاهائی است که فقهای اسلام باید دنبالش بروند ، حوزه های دینی باید بفکر باشند وخود را مجهز به تشکیلات ولوازم وقدرتی کنند که بتوانند اسلام را بتمام معنی نگهبانی کنند ، همانگونه که خود رسول اکرم (ص) وائمه (ع) حافظ اسلام بودند وعقاید واحکام ونظامات اسلام را بتمام معنی حفظ میکردند .

ما تمام جهات را کنار گذاشته ایم ومقداری از احکام را گرفته خلفاً عن سلف مباحثه میکنیم . بسیاری از احکام اسلام جزء علوم غریبه شده است. اصلا اسلام غریب است . از آن فقط اسمی مانده است . تمام جزائیات اسلام که بهـترین قانون جزائی است که برای بشرآمـده الآن بکلی فراموش

شده « ولم یبق الا اسمه »[1] تمام آیات شریفه که برای جزائیات وحدود آمده است «لم یبق إلا قراءته»[2] ما قرائت میکنیم: « الزاني والزانية فاجلدوا كل واحد منهما مأة جلدة » اما تکلیف نداریم! فقط باید قرائت کنیم تا قرائت ما خوب شود واز مخرج ادا کنیم! اما اینکه واقعیت هاي اجتماعی چگونه است وجامعهٔ اسلامي درچه حالي است وفحشاء وفسادچگونه رواج پیدا کرده وحکومتها مؤید وپشتیبان زنا کاران هستند بما مربوط نیست! ما فقط بفهمیم که برای زن ومرد زنا کارابن مقدارحد تعیین شده است. ولی جریان حد واجراي قانون مبارزه با زنا بعهدهٔ چه کسي میباشد به ما ربطي ندارد!

می پرسم آیا رسول اکرم (ص) اینطور بودند؟ قرآن را مي خواندند وکنار میگذاشتند وبه حدود واجرای قانون کاری نداشتند؟ خلفاي بعد از رسول اکرم (ص) بنایشان براین بود که مسائل رادست مردم بدهند وبگویند باشما کاري نداریم؟ یا بعکس، حدود معین کرده بودند وشلاق میزدند، ورجم میکردند، حبس ابد میکردند، نفی بلد میکردند؟ به فصل حدود ودیات اسلام رجوع کنید می بینید همهٔ اینها از اسلام است واسلام براي این امور آمده است. اسلام آمده

۱و۲ — اشاره به اظهارات رسول اکرم (ص) و ائمه (ع) درباره حوادث بعد از خود وآینده مسلمانان.

تابه جامعه نظم بدهد ، امـــامت اعتباري وحكومت براي تنظيم امور جامعه است .

ما مكلف هستيم كه اسلام را حفظ كنيـــم . اين تكليف ازواجبات مهم است حتى از نـــمازوروزه واجب تر است . همين تكليف است كه ايجاب ميكند خونها درانجام آن ريخته شود . از خون امام حسين (ع) كه بالاترنبود براي اسلام ريخته شد . واين روى همان ارزشي است كه اســلام دارد. ما بايد اين معنى را بفهميم وبديگرانهم تعليم بدهيم. شما در صورتي خلفاي اسلام هستيد كـه اسلام را بـه مردم بياموزيد ، ونگوئيد بگذار تا امام زمان (ع) بيايد. شمانماز راهيچوقت ميگذاريد تا وقتي امام زمان (ع) آمد بخوانيد ؟ حفظ اسلام واجب تر از نماز است . منطق حـاكم خمين رانداشته باشيد كه ميگفت : « بايـد معاصي را رواج داد تا امام زمان (ع) بيايد. اگر معصيت رواج پيدانكند حضرت ظهور نميكند ! » اينجا ننشينيد فقط مباحثه كنيد ، بلكه در ساير احكام اسلام مطالعه كنيد ، حقائق رانشردهيد ، جزوه بنويسيد ومنتشر كنيد . البته مؤثر خواهد بود . من تجربــه كرده‌ام كه تأثير دارد .

* * *

« علي عن أبيه ، عن النوفلي ، عن السكوني ، عـــن

أبيعبد الله عليه السلام قال : قال رسول الله ﷺ : الفقهـــــاء أمناء الرسل ما لم يدخلوا في الدنيا . قيل : يا رسول الله : وما دخولهم في الدنيا ؟ قال : اتباع السلطان . فإذا فعلوا ذلــــك فاحذروهم على دينكم »[1].

رسول اكرم (ص) ميفرمايد : فقها امين و مورد اعتماد پيامبرانند تا هنگامى كه وارد (مطامع لذائــــذ و ثروتهاى ناروای) دنيا نشده باشند . گفته شد : اى پيغمبر خدا ! وارد شدنشان به دنيا چيست . مى فرمايد : پيروى كردن قدرت حاكمه . بنابراين اگر چنان كردند بايستى از آنها بر دينتان بترسيد و پرهيز كنيد.

بررسى تمام اين روايت محتاج به بحث طولانى است . ما فقط درباره جمله « الفقهاء امناء الرسل » كــــه مورد نظر و مربوط به ولايت فقيه ميباشد صحبت مى كنيم .

---

۱ ـ كافى ، كتاب فضل علم ، باب ۱۳ ، حديث ۰ ، اين از جمله رواياتى است كه مرحوم نراقى ذكر كرده و مرحوم نورى در كتاب « مستدرك وسائل » ، ابواب ما يكتسب به ، باب ۳۸ ، روايت ۸ ، از كتاب « نوادر » راوندى بسند صحيح از امام هفتم موسى بن جعفر عليهما السلام نيز در ابواب صفات قاضى باب ۱۱ ، حديث ۰ ، از كتاب دعائم الاسلام از امام ششم جعفر بن محمد عليهما السلام آورده است . روايتى هم در كتاب « كافى » هست باينمضمون: ...عن ابيعبدالله عليه السلام قال : « العلماء امناء و الاتقياء حصون و الانبياء ساده » يعنى علماء امينند و افراد متقى مرزبانند و انبياء رهبر و مهترند .

ابتدا بایددید پیغمبران چه وظائف واختیارات وشغلي دارند تا معلوم شود فقها که مورد اعتماد وامانتدار ایشان هستند چه وظائفی بر عهده دارند .

هدف بعثت ها ووظائف انبیاء

بحکم عقل وضرورت ادیان ، هدف بعثت وکار انبیاء (ع) تنها مسأله گوئی وبیان احکام نیست . اینطور نیست که مثلاً مسائل واحکام از طریق وحي به رسول اکرم (ص) رسیده باشد وآن حضرت وحضرت امیر المؤمنین وسایر ائمه (ع) مسأله گوهائی باشند که خداوند آنان را تعیین فرموده تا مسائل واحکام را بدون خیانت براي مردم نقل کنند ، وآنان نیز این امانت را به فقها واگذار کرده باشند تا مسائلی را که از انبیاء گرفته اند بدون خیانت به مردم برسانند ، ومعنای « الفقهاء امناء الرسل » این باشد که فقها در مسأله گفتن امین باشند . در حقیقت ، مهمترین وظیفهٔ انبیاء (ع) برقرار کردن یك نظام عادلانهٔ اجتماعي از طریق اجراي قوانین واحکام است که البته با بیان احکام ونشر تعالیم وعقاید الهي ملازمه دارد . چنانکه این معنی از آیهٔ شریفه بوضوح پیدا است : « ولقد ارسلنا رسلنا بالبینات وانزلنا معهم الکتاب والمیزان لیقوم الناس بالقسط ... »[1] هدف بعثتها بطور کلي این است که

---

۱ – سوره حدید : آیه ۳۵

مردمان بر اساس روابط اجتماعي عادلانه نظم وترتيب پيدا كرده قد آدميت راست گردانند واين با تشكيل حكومت واجراي احكام امكان پذير است ، خواه نبي خود موفق به تشكيل حكومت شود مانند رسول اكرم (ص) وخواه پيروانش پس ازوى توفيق تشكيل حكومت وبرقراري نظام عادلانهٔ اجتماعي راپيدا كنند .

خداوند متعال كه در باب خمس مي فرمايد :«واعلموا إنما غنمتم من شيء فإن لله خمسه وللرسول ولذي القربى ...»[1] يا دربارهٔ زكات مي فرمايد : « خذ من أموالهم صدقة ...»[2] يا دربارهٔ خراجات دستوراتي صادر ميفرمايد در حقيقت رسول اكرم (ص) را نه براي فقط بيان اين احكام براي مردم بلكه براي اجراي آنها موظف ميكند ، همانطور كه بايد اينها راميان مردم نشردهد مأمور است كه اجراكند . مالياتهائي نظير خمس وزكات وخراج را بگيرد وصرف مصالح مسلمين كند ، عدالت را بين ملتها وافراد مردم گسترش دهد ، اجراي حدود وحفظ مرز واستقلال كشور كند ، ونگذارد كسى ماليات دولت اسلامى را حيف وميل نمايد .

اين كه خداوند رسول اكرم (ص) را رئيس قرار

---

١ - انفال آيه ٤٢

٢ - توبه آيه ١٠٤

داده واطاعتش را واجب شمرده است : « اطیعوا الله واطیعوا الرسول واولي الأمر منکم ... »[1] مراد این نبوده که اگر پیغمبر اکرم (ص) مسأله گفت قبول کنیم وعمل نمائیم . عمل کردن به احکام ، اطاعت خدا است . همهٔ کارهاي عبادي وغیر عبادي که مربوط به احکام است اطاعت خدامیباشد . متابعت از رسول اکرم (ص) عمل کردن به احکام نیست ، مطلب دیگري است . البته اطاعث رسول اکرم (ص) بیک معنی اطاعت خداست چون خدا دستور داده از پیغمبرش اطاعت کنیم . اگر رسول اکرم (ص) که رئیس ورهبر جامعهٔ اسلامي است امر کند وبگوید همه باید با سپاه «اسامه» به جنگ بروند ، کسي حق تخلف ندارد . این ، امر خدا نیست بلکه امر رسول است . خداوند حکومت وفرماندهي را به آن حضرت واگذار کرده است وحضرت هم بنابر مصالح بتدارك وبسیج سپاه مي پردازد ، والي وحاکم وقاضي تعیین میکند یا برکنار میسازد .

فقها در اجرای قوانین وفرماندهی سپاه واداره جامعه ودفاع از کشور ودادرسي وقضاوت ، مورد اعتماد پیامبرند

بنابراین ، « الفقهاء امناء الرسل» یعني کلیهٔ اموري که

1 ــ نساء آیه ۶۳

بعهدهٔ پیغمبران است فقهاي عادل موظف ومأمور انجام آنند. گرچه عدالت اعـــم از امانت است وممكن است كسي در امور مالي امين باشد اما در عين‌حال‌عادل نباشد ، لكن مراداز « امناء الرسل » كساني هستند كه از هيچ حكمي تخلف نكنند وپاك ومنزه باشند ، چنانكه در ذيل حديث مي فرمايد : «ما لم يدخلوا في الدنيا . . . » يعني تاهنگامي كه بمنجلاب دنيـــا طلبي در نيامده اند . پس اگر فقيهي در فكر جمع آوري مال دنيا باشد عادل نيست ونميتو اند امين رسول اكرم(ص)ومجري احكام اسلام باشد . فقط فقهاي عادلند كه احكام اسلام را اجرا كرده نظامات آنرا مستقر ميگردانند ؛ حدود وقصاص را جاري مي نمايند ، حدود وتماميت ارضي وطن مسلمانان را پاسداري ميكنند ، خلاصه اجراي تمام قوانين مربوط بـه حكومت بعهدهٔ فقهاست ، از گرفتن خمس وزكات وصدقات وجزيه وخراج وصرف آن دو مصالح مسلمين، تا اجراي حدود وقصاص ـ كه بايد تحت نظر مستقيم حاكم باشد وولي‌مقتول هم بدون نظارت او نميتواند عمل كند ـ حفظ مرزها ، ونظـم شهرها ، همه وهمه .

همانطور كه پيغمبر اكرم (ص) مأمور اجراي احكام وبرقراري نظامـــات اسلام بود وخداوند او را رئيس وحاكم مسلمين قرارداده واطاعتش را واجب شمرده است فقهاي عادل

هم بايستي رئيس وحاكم باشند واجراي احكام كنند ونظام اجتماعي اسلام را مستقر گردانند .

حكومت بروفق قانون

چون حكومت اسلام حكومت قانون است قانونشناسان واز آن بالاتر دينشناسان يعني فقها بايد متصدى آن باشند . ايشان هستند كه بر تمام امور اجرائي واداري وبرنامه ريزي كشور مراقبت دارند . فقها در اجراي احكام الهي امين هستند ، در اخذ ماليات ، حفظ مرزها ، اجراي حدود امينند . نبايد بگذارند قوانين اسلام معطل بماند يا در اجراى آن كم وزياد شود . اگر فقيه بخواهد شخص زاني را حد بزند با همان ترتيب خاص كه معين شده بايد بياورد درميان مردم وصد تازيانه بزند ، حق ندارد يك تازيانه اضافه بزند ياناسزا بگويد ، يك سيلي بزند يا يك روز او را حبس كند . همچنين اگر به اخذ ماليات پرداخت بايد روى موازين اسلام يعني بروفق قانون اسلام عمل كند . حق نداردیك شاهي اضافه بگيرد . نبايد بگذارد در بيت المال هرج ومرج واقع شود ويك شاهي ضايع گردد . اگر فقيهي بر خلاف موازين اسلام كاري انجام داد – نعوذ بالله – فسقى مرتكب شد ، خود بخود از حكومت منعزل است ، زيرا از امانتداري ساقط شده است .

حاکم در حقیقت ، قانون است . همه در امان قانونند، درپناه قانون اسلامند ، مردم ومسلمانان در دائرهٔ مقررات شرعي آزادند ، یعنی بعد از آنکه طبق مقرارت شرعی عمل کردند کسي حق ندارد بگوید اینجابنشین یا آنجابرو . این حرفها در کار نیست . آزادي دارند وحکومت عدل اسلامي چنین است . مثل این حکومتها نیست که امنیت را از مردم سلب کرده اند ، هرکس در خانهٔ خود میلرزد که شاید الان بریزند وکاري انجام دهند ، چنانکه در حکومت معاویه وحکومتهاي مانند آن امنیت را از مردم سلب نموده ومردم امان نداشتند ، به تهمت یا صرف احتمال مي کشتند ، تبعید میکردند ، وحبس میکردند حبسهاي طویل المده ، چون حکومت اسلامي نبود. هرگاه حکومت اسلامي تأسیس شود همه درسایهٔ قانون با امنیت کامل بسر مي برند، وهیچ حاکمي حق ندارد بر خلاف مقررات وقانون شرع مطهر قدمی بردارد.

پس معناي « امین » این است که فقها تمام اموري را که اسلام مقرر داشته بطور امانت اجرا کنند نه این که تنها مسأله بگویند . مگر امام مسأله گوبود وتنهابیان قانون میکرد ؟ مگر پیامبران مسأله گو بودند تا فقها در مسأله گوئی امین آنها باشند ؟ البته مسأله گوئي وبیان قوانین هم یکي از وظائف فقهی است ، لکن اسلام به قانون نظر

آلی دارد ، یعنـــي آنرا آلت ووسیـلهٔ تحقق عدالت در جامعه میداند ، وسیلهٔ اصلاح اعتقادي واخلاقي وتهذیب انسان میداند . قانون براي اجرا وبرقرار شدن نظم اجتماعي عادلانه بمنظور پرورش انسان مهذب است . وظیفهٔ مهـم پیغمبران اجراي احکام بوده وقضیهٔ نظارت وحکومت مطرح بوده است .

روایت حضرت رضا (ع) راخواندم که « لو لم یجعـل لهم اماماً قیماً حافظاً مستودعاً لدرست المـلة ... »[1] بطور قضیه کلی می فرماید برای مردم امام قیم حافظ امـین لازم است ، ودر این روایت مي فرماید فقهاء امناء رسل هستند . از این صغری و کبری برمیآید که فقها باید رئیس ملت باشند تا نگذارند اسلام مندرس شود واحکام آن تعطیل شود .

چون فقهای عادل در کشور هاي مسلمان نشین حکومت نداشته وولایتشان برقرار نشده اسلام مندرس گشته واحکام آن تعطیل شده است . فرمایش حضرت رضا (ع) بتحقق پیوسته است ، تجربه صحت آنرا برهمه ثابت کرده است .

اکنون اسلام مندرس نشده است ؟ اکنون که در بلاد اسلامي احکام اسلام اجراء نمیگردد ، حدود جاري نمیشود ، احکام اسلام حفظ نشده ، نظام اسلام از بین رفته ، هــرج

---

۱ - علل الشرائع ۱۷۲/۱ ، حدیث ۹

ومرج وعنان گسیختگي متداول شده اسلام مندرس نیست ؟ آیا اسلام همین است که در کتابها نوشته شود ! مثلاً در « کافي» نوشته و کنار گذا شته شود ؟! اگر در خارج احکام اجـــراء نشد ، وحدود جاري نگشت ، دزد بسزاي خـــود نرسید ، غارتگران وستمگران ومختلسین به کیفر نرسیدند ، ومــا فقط قانون را گرفتیم وبوسیدیم و کنار گذاشتیم ، قــرآن را بوسیدیم وحفظ کردیم وشبهاي جمعه سورهٔ (یاسین)خواندیم ، اسلام حفظ شده است ؟

چون بسیاري از ما فکر نکردیم که ملت اسلام باید با حکومت اسلامي اداره ومنظم شود کار باینجا رسید که نه تنها نظم اسلام در کشورهای اسلامي برقرار نیست وقوانــین ظالمانه وفاسد کننده بجاي قانون اسلام اجراء میشود بلکــه برنامه هاي اسلام در ذهن خود آ قایان علماء کهنــــه شده ، بطوریکه وقتي صحبت میشود میگویند : (الفقهاء امنــاء الرسل) یعني در گفتن مسائل امــــین هستند . آیات قرآن را نشینده میگیرند وآ نهمه روایات را که دلالت دارد براینکه درزمان غیبت ، علماي اسلام « والی » هستند تأویل میکنند که مراد مسأله گوئي است . آیا امانتداری اینطور است ؟ آیا امین لازم نیست که نگذارد احکام اسلام تعطیل شود وتبهکاران بدون کیفر بمانند ؟ نگذارد در مالیاتها ودر آمد های کشور اینقدر هرج ومرج وحیف ومیل واقع شود وچنین تصرفات

ناشایسته بشود؟

بدیهی است که اینها امین لازم دارد، ووظیفهٔ فقها است که امانتداری کنند ودر اینصورت امین وعادل خواهند بود.

* * *

منصب قضا متعلق به کیست؟

«عن محمد بن يحيى، عن محمد بن احمد، عن يعقوب بن يزيد، عن يحيى بن مبارك، عن عبد الله بن جميله، عن اسحاق ابن عمار، عن أبيعبد الله عليه السلام قال: قال امير المؤمنين صلوات الله عليه لشريح يا شريح قد جلست مجلساً لا يجلسه (ما جلسه) الا نبي او وصي نبي أو شقي»[1]

حضرت امير المؤمنين (ع) خطاب به شريح مى فرمايد تو بر مقام ومنصبي قرار گرفته ای كه جز نبي يا وصى نبي ويا شقي كسى برآن قرار نميگيرد. وشريح چون نبي ووصي نبي نيست شقي بوده است كه برمسند قضاوت نشسته است. شريح كسي است كه در حدود ٥٠ - ٦٠ سال منصب قضاوت را در كوفه عهده دار بود واز آن آخوند هائى كه بواسطهٔ

---

١ - وسائل الشيعه، كتاب قضاء، باب ٣، حديث ٢ - من لا يحضره الفقيه، ج ٣ ص ٤، رواه مرسلاً.

تقرب به دستگاه معاویه حرفهائي زده وفتواهائي صادر کرده وبر خلاف حکومت اسلامی قیام کرده است .

حضرت امیر المؤمنین (ع) در دوران حکومت خودهم نتوانست او راعزل کند، رجاله نگذاشتند وبعنوان اینکه « شیخین» او را نصب کرده‌اند وشما برخلاف آنان عمل نکنید او را بر حکومت عدل آنحضرت تحمیل کردند، منتهی حضرت نمیگذاشتند برخلاف قانون دادرسي کند .

دادرسی با فقیه عادل است

از روایت برمیآید که تصدي منصب قضا با پیغمبر (ص) یا وصی او است .

دراین که فقهاي عادل ــ بحسب تعیین ائمه (ع) منصب قضا (دادرسي) رادارا هستند ومنصب قضا از مناصب فقهاي عادل است اختلافي نیست ، بر خلاف مسأله ولایت که بعضي مانند مرحوم نراقي واز متأخرین مرحوم نائینی تمام مناصب وشؤون اعتباري امام را براي فقیه ثابت میدانند وبعضی نمیدانند . اما این که منصب قضاوت متعلق به فقهای عادل است محل اشکال نیست وتقریباً از واضحات است .

نظر به اینکه فقها مقام‌نبوت رادارا نمیباشند وشکی

نیست که «شقی» هم نیستند بالضروره باید بگوئیم که «اوصیاء» یعني جانشینان رسول اکرم (ص) میباشند. منتهی‌از آنجا که غالباً «وصي نبي» را عبارت از وصي دست اول وبلا فصل گرفته اند لذابه اینگونه روایات اصلا تمسك نشـــده است. لکن حقیقت این است که دائرهٔ مفهوم «وصي نـبي» توسعه دارد وفقها را هم شامل میشود. البته وصی بلا فصل، حضرت امیر (ع) است وبعد از او ائمه (ع) میباشند وامور مردم به آنان محول شده است. تصور نشود که منصب حکومت یا قضا برای حضرات ائمه (ع) شأني بوده است. زمامداری فقط از جهت این که بتوانند حکومت عدل را بر پا کنند وعدالت اجتماعي را بین مردم تطبیق وتعمیم دهند قابل اهمیت بوده است، لکن مقامات روحاني ائمــه (ع) که فوق ادراك بشر میباشد به نصب وجعل مربوط نیست، چنانکه اگر رسول اکرم (ص) حضرت امیر (ع) را وصي هم قرار نمیداد مقامات معنوي آنحضرت محفوظ بود. این مقام‌حکومت ومنصب نیست که به انسان شأن ومنزلت معنوی میدهــد، بلکه این منزلت ومقام معنوي است که انسان را شایسته‌براي حکومت ومناصب اجتماعی میسازد.

در هرحال، از روایت مي فهمیم که فقها اوصیاءدست دوم رسول اکرم (ص) هستند واموری که از طرف رسول‌الله (ص) به ائمه (ع) واگذار شده‌براي آنان نیز ثابت است‌وباید

تمام کارهای رسول خدا را انجام دهند چنانکه حضرت امیر (ع) انجام داد.

* * *

روایت دیگر که از ادله یا مؤیدات مطلب است واز حیث سند ودلالت از روایت اول بهتر میباشد از طریق کلینی نقل شده واز این طریق ضعیف است، لکن صدوق روایت را از طریق سلیمان بن خالد آورده که صحیح ومعتبر میباشد. روایت چنین است:

«وعن عدة من اصحابنا، عن سهیل بن زیاد، عن محمد ابن عیسی عن ابي عبد الله المؤمن، عن ابن مکان، عن سلیمان ابن خالد، عن ابیعبد الله عليه السلام قال: اتقوا الحکومة، فان الحکومة إنما هي للامام العالم بالقضاء العادل في المسلمین، لنبي (کنبي) او وصي نبي. ورواه الصدوق بإسناده عن سلیمان ابن خالد»[1].

امام میفرماید: از حکم کردن (دادرسي) بپرهیزید، زیرا حکومت (دادرسي) فقط براي امامی است که عالم به قضاوت (وآئین دادرسي وقوانین) وعادل درمیان مسلمانان باشد، براي پیغمبر است یا وصي پیغمبر.

---

۱ - وسائل، کتاب قضاء، باب ۳، حدیث ۳، ۷/۱۸ طبع جدید.

ملاحظه مي كنيد كسى كه ميخواهد حكومت (دادرسي) كند اولاً بايد امام باشد . دراينجا معناي لغوي « امام» كه‌عبارت از رئيس‌وپيشوا باشد مقصود است‌نه‌معناي اصطلاحي بهمين جهت، نبي را هم امام دانسته است. اگر معناى اصطلاحي « امام » مراد بود قيد عالم وعادل زائد مينمود . دوم اين كه عالم بقضا باشد . اگر امام بود لكن علم به قضا نداشت يعني قوانين وآئين دادرسي اسلام رانميدانست حق قضاوت ندارد . سوم اين كه بايد عادل باشد . پس قضاء (دادرسي) براي كسي است كه اين سه شرط (يعني رئيس وعالم وعادل بودن) را داشته باشد . بعد مي فرمايد كه اين شروط بر كسي جز نبي يا وصي نبي منطبق نيست .

قبلاً عرض كردم كه منصب قضابراي فقيه عادل است واين موضوع از ضروريات فقه است ودر آن خلافي نيست . اكنون بايد ديد شرائط قضاوت در فقيه موجود است يا نه . بديهي است منظور فقيه عادل است نه هر فقيهي . فقيه طبعاً عالم به قضا است ، چون فقيه به كسي اطلاق ميشود كه نه فقط عالم به قوانين وآئين دادرسي اسلام بلكه عالم به عقايد وقوانين ونظامات واخلاق باشد يعني دينشناس‌بتمام معنى كلمه باشد . فقيه وقتي عادل هم شد دوشرط رادارد. شرط ديگر اين بودكه امام يعني رئيس باشد . وگفتيم كه فقيه عادل مقام

امامت وریاست رابراي قضاوت - بحسب تعيين امـام (ع) – دارا است. آنگاه امام (ع) حصر فرموده که این شروط جز بر نبي یا وصي نبي بردیگري منطبق نيست . فقها چون نبي نيستند پس وصي نبي يعني جانشین اوهستند . بنابراین ، آن مجهول از این معلوم بدست میآید که « فقيه » وصي رسول اکرم (ص) است ودر عصر غيبت ، امام المسلمين ورئيس الملة میباشد ، واوباید قاضي باشد ، وجز او کسي حق قضاوت ودادرسي ندارد .

در رویدادهاي اجتماعي به که رجوع کنیم

روایت سوم ، توقيعي است که موردّ استدلال واقـع شده ، وما کيفيت استدلال را عرض مي کنيم :

« في كتاب (اكمال الدين واتمام النعمة) عن محمـد بن محمد بن عصام ، عن محمد بن يعقوب ، عن اسحاق بن يعقوب ، قال : سألت محمد بن عثمان العمري ان يوصل لي كتاباً قد سألت فيه عن مسائل اشكلت علي فورد التوقيـع بخط مولانا صاحب الزمان عليه السلام : اما ما سألت عنه ارشدك الله وثبتك – الى ان قال – واما الحوادث الواقعة فارجعوا فيها الى رواة حديثنا ، فإنهم حجتي عليكم وأنا حجة الله ، وأما محمد بن عـثمان العمري

فرضي الله عنه وعن ابيه فانه ثقتي و كتابه كتابي » [1].

اسحاق بن يعقوب نامه ای براي حضرت ولي عصر (عج) مينويسدو از مشكلاتي كه برايش رخ داده سؤال ميكند، ومحمد بن عثمان عمري - نمايندۀ آنحضرت - نامه راميرساند. جواب نامه به خط مبارك صادر ميشود كه «... در حوادث وپيشامدها به راويان حديث ما رجوع كنيد، زيرا آنان حجت من بر شمايند ومن حجت خدايم ...

منظور از « حوادث واقعه » كه دراين روايت آمده مسائل واحكام شرعيه نيست. نويسنده نميخواهد بپرسد: « دربارۀ مسائل تازه اي كه براي مارخ ميدهدچه كنيم؟چون اين موضوع جزو واضحات مذهب شيعه بوده است وروايات متواتره دارد كه در مسائل بايد بفقها رجوع كنند. در زمان ائمه (ع) هم به فقها رجوع ميكردند واز آنان مي پرسيدند. كسى كه در زمان حضرت صاحب سلام الله عليه باشد وبا نواب اربعه روابط داشته باشد وبه حضرت نامه بنويسد وجواب در يافت كند باين موضوع توجه دارد كه درفرا گرفتن مسائل به چه اشخاص بايد رجوع كرد. منظور از « حوادث واقعه » پيشامد هاى اجتماعي وگرفتاريهائي بوده

---

١ -وسائل ١٨/١٠١ ، كتاب القضاء باب ١١ حديث ٩ - ورواه الشيخ الطوسي في كتاب « الغيبه » ورواه الطبرسي في « الاحتجاج » .

که برای مردم ومسلمین روی میداده است ، وبطور کلی وسربسته سؤال کرده : اکنون که دست ما به شما نمیرسد در پیشامد های اجتماعی باید چه کنیم ، وظیفه چیست ؟ یا حوادثی را ذکر کرده وپرسیده دراین حوادث به چه کسی رجوع کنیم ؟

آنچه بنظر میآید این است که بطور کلی سؤال کرده وحضرت طبق سؤال او جواب فرموده اند که در حوادث ومشکلات به روات احادیث ما یعنی فقها مراجعه کنید ، آنها حجت من بر شما میباشند ومن حجت خدا بر شمایم .

حجت خدا یعنی چه ؟ شما از کلمهٔ حجت الله چه می فهمید ؟ یعنی خبر واحد حجت است ؟! واگر زراره روایتی را نقل کرد حجت میباشد ؟ حضرت امام زمان نظیر زراة است که اگر خبری از رسول اکرم (ص) نقل کرد باید بپذیریم وعمل کنیم ؟ این که میگویند « ولی امر » حجت خداست ، آیا در مسائل شرعیه حجت است که برای ما مسأله بگوید؟؟ اگر رسول اکرم (ص) فرموده بود که من میروم وامیر المؤمنین (ع) حجت من بر شما است شما از این می فهمیدید که حضرت رفتند کارها همه تعطیل شد ، فقط مسأله گوئی مانده که آنهم به حضرت امیر (ع) واگذار شده است ؟! یا این که « حجت الله» یعنی همانطور که حضرت

رسول اکرم (ص) حجت است ومرجع تمام مردم ، خدا او را تعیین کرده تا در همهٔ کارها به او رجوع کنند فقهاء مسؤول امور ومرجع عام توده های مردم هستند ؟

« حجت الله » کسي است که خداوند اورا براي انجام اموري قرار داده است وتمام کارها ، افعال واقوال او حجت بر مسلمین است . اگر کسي تخلف کرد برا واحتجاج (واقامه برهان ودعوی) خواهد شد . اگرا مر کرد که کاري انجام دهید، حدود را اینطور جاري کنید ، غنائم،زکات وصدقات را به چنین مصارفي برسانید... وشما تخلف کردید خداوند در روز قیامت برشما احتجاج میکند . اگر با وجود حجت،براي حل وفصل امور به دستگاه ظلم رجوع کردید خداوند در روز قیامت برشما احتجاج خواهد کرد که من برای شماحجت قرار دادم چرا به ظلمه ودستگاه قضائي ستمگران مراجعه کردید ؟ خدا به وجود حضرت امیر المؤمنین (ع) بر متخلفین وآنها که کجروي داشتند احتجاج میکند،بر متصدیان خلافت بر معاویه وخلفای بني امیه وبنی عباس وبر کسانیکه طبق خواسته های آ نان عمل میکنند احتجاج میشود که چرا زمام مسلمین را غاصبانه بدست گرفتید ؟ شماکه لیاقت نداشتید چرا مقام خلافت وحکومت را غصب کردید ؟

خداوند حکام جور وهر حکومتي را که بر

خلاف موازین اسلامي رفتار کند باز خواست میکنند که چرا ظلم کردید ؟ چرابا اموال مسلمین هوسبازي کردید ؟ چـرا جشن چند هزار ساله برپا داشتي ؟ چرامال مردم را صرف تاجگذاری وآن جشن کذائي کردی ؟ اگر بگویـد با اوضاع روز نمی توانستم عدالت کنم یا این که قبه وبارگاه ،کاخ وعمارت کذائي نداشته باشم ، تا جگذاري کردم که دولت اینجارا وترقي خودمان را معرفي کنم... میگوینداین (اشاره به حضرت امیر علیه‌السلام) هم حاکم بود ، حاکم بر مسلـمین وسرزمین پهناور اسلامي بود . تو شرف اسلام ومسلمین وبلاد اسلامي را بیشتر مي خواستي یا این مرد؟ مملکت توبیشتر بود یا او ؟ قلمرو حکومت توجزئی از قلمرو حکومتش بـود ، عراق ومصر وحجاز وایران همه در قلمرو حکومتش بود، در عین حال دار الامارهٔ او مسجد بود ودکة القضا در گوشـهٔ مسجد قرار داشت ، وسپاه در مسجد آماده میشد واز مسجد حرکت میکرد ، مردم نماز گزار ومعتقـد بجنگ می رفتنـد ودیدید که‌چگونه پیشرفت میکردند وچه کارها انجام‌دادند؟

امروز فقهاي اسلام حجت برمردم هستند . همانطور که حضرت رسول (ص) حجت خدابود وهمهٔ امور بـه او سپرده شده بود وهر کس تخلف میکرد برا وٰاحتجاج میشد . فقها از طرف امام (ع) حجت بر مردم هستند . همـهٔ امور

وتمام كارهاي مسلمين به آنان واگذار شده است . در امر حكومت ، تمشيت امور مسلمين ، اخذ ومصرف عوائدعمومي، هركس تخلف كند خداوند براو احتجاج خواهد كرد .

در دلالت روايتي كه آورديم هيچ اشكالي نيست منتهى سندش قدري محل تأمل است واگر دليل نباشد مؤيد مطالبي است كه گفته شد .

* * *

آياتي از قرآن مجيد

روايت ديگري كه از مؤيدات بحث ماست « مقبولة عمر بن حنظله » ميباشد. چون در اين روايت به آية شريفه‌اي تمسك شده لازم است ابتدا آن آيه وآيات قبل آن مورد بحث قرار گيرد ومعناي آن تا حدودي معلوم شود ، سپس روايت مورد بحث قرار گيرد .

أعوذ بالله من الشيطان الرجيم

« إن الله يأمركم أن تؤدوا الأمانات الى اهلها واذا حكمتم بين الناس ان تحكموا بالعدل ، ان الله نعما يعظكم به ان الله كان سميعاً بصيراً . يا أيها الذين آمنوا اطيعوا الله وأطيعوا الرسول واولي الأمر منكم ، فإن تنازعتم في شيء فردوه الى الله والرسول

ان كنتم تؤمنون بالله واليوم الآخر ذلك خير واحسن تأويلا»[1]
خداوند امر فرموده که امانتها را به اهلش (صاحبش) بدهید وهر گاه بین مردم داوری کردید بعدالت داوري کنید ، خدا بآن اندرزتان میدهد ویادآوریتان میکند، بیشك خدا شنواي بیناست . اي ایمان آوردگان، خدارا اطاعت کنید وپیامبران را اطاعت کنید واولیای امرتان (متصدیان رهبري وحکومتتان) را . بنا براین اگردر مورد چیزي بایکدیگر کشمکش پیدا کردید آنرا به خدا وپیامبر عرضه بداریداگر بخداي یگانه ودورهٔ آخرت ایمان دارید، آن (روش) بهتراست وخوش عاقبت تر .

خداوند امر فرموده که امانات را به اهلش رد کیند .
عده ای براین عقیده اند که منظور از « امانت »مطلق امانت خلقي (یعني مال مردم) وخالقي (یعني احکام شرعیه) میباشد ومقصود از رد امانت الهي این است که احکام اسلام را آنطور که هست اجرا کنند . گروه دیگري معتقدند که مراد از « امانت » امامت است . در روایت هم آمــده که مقصود از این آیه ما (یعني ائمه علیهم السلام) هستیم کــه خداوند تعالی به ولات امر — رسول اکرم (ص) وائمه (ع)— امر کرده ولایت وامامت را به اهلش رد کنند ، یعني رسول

---

۱ —نساء آیات : ۵۸ و ۵۹ .

اکرم (ص) ولایت را به امیر المؤمنین علیه‌السلام وآنحضرت هم به ولي بعد از خود واگذار کند وهمینطور ادامه یابد .

در ذیل آیه مي فرماید : « ... واذا حکمتم بین الناس فاحکموا بالعدل .. » وقتیکه حاکم شدید برپایهٔ عدل حکومت کنید . خطاب به کساني است که زمام امور را دردست داشته حکومت میکنند نه قضات . قاضي قضاوت میکند نه حکومت بتمام معنی کلمه . قاضي فقط از جهتي حاکم‌است وحکم میکند، چون فقط حکم قضائي صادر میکند نه حکم اجرائی . چنانکه قضات در طرز حکومتهای قرون اخیر یکي از سه دستهٔ حکومت کننده هستند نه تمام‌حکومت کنند گان ، ودود ستهٔ دیگر هیئت وزیران (مجریان)ومجلس (برنامه ریزان وقانونگزاران) هستند . اساساً قضاوت یکي از رشته های حکومت ویکي ازکارهای حکومتي است . پس باید قائل شویم که آیهٔ شریفهٔ « واذا حکمتم ... » در مسائل حکومت ظهور دارد وقاضي وهمهٔ حکومت کنندگان را شامل میشود . وقتي بناشد تمام امور دیني عبارت از «امانت» الهی باشد وباید این « امانت » به اهلش رد شود یکي از آنها هم حکومت است . وبموجب آیهٔ شریفه باید هر امری از امور حکومت برموازین عدالت یعنی برمبناي قانون اسلام وحکم شرع باشد ، قاضي حکم بباطل نکند یعني بر مبنای قانون

تا روای غیر اسلامي حکم صادر نکند ونه آئین دادرسی اوونه قانوني که حکم خود را بآن مستند میکند هیچیك غیر اسلامي (باطل) نباشد، برنامه ریزان که در مجلس برنامهٔ مثلاً مالی کشور را طرح میکنند بر کشا ورزان املاك عمومي خراج بقدار عادلانه تعیین کنند وطوری نباشد که آنان را بیچاره کنند وسنگیني مالیات باعث از بین رفتن آنان وخرابي املاك وکشاورزي شود، اگر مجریان خواستند احکام قضائي را اجرا کنند ومثلاً حدود را جاری نمایند از مرز قانون باید تجاوز نکنند یك شلاق بیشتر نزنند واهانت ننمایند.

حضرت امیر المؤمنین (ع) بعد از این که دست دونفر دزد را قطع میکند چنان نسبت به آنان عاطفه ومحبت نشان میدهد ومعالجه وپذیرائي میکند که از مداحان حضرت میشوند یا وقتي میشنود ارتش غارتگر معاویه خلخال از پاي یك زن اهل ذمه در آورده اند بقدري ناراحت میشود. وعواطفش چنان جریحه دار میگردد که در نطقی میفرماید: اگر از تأثر این واقعه انسان بمیرد قابل سرزنش نخواهد بود. با اینهمه عاطفه، روزي هم شمشیر میکشد وافراد مفسد را با کمال قدرت از پادر میآورد. معنای عدالت این است.

حاکم عادل، رسول اکرم (ص) است. او اگر فرمان داد که فلان محل را بگیرید، فلان خانه را آتش بزنید، فلان

طائفه را که مضر باسلام ومسلمين وملتها هستند از بين ببريد حکم بعدل فرموده است . اگر در چنين مواردي فرمان ندهد خلاف عدالت ميباشد زيرا ملاحظهٔ حال اسلام ومسلمين وجامعهٔ بشری را نکرده است .

کسی که بر مسلمين وجامعهٔ بشری حکومت دارد هميشه بايد جهات عمومي ومنافع عامه را در نظر بگيرد، واز جهات خصوصي وعواطف شخصي چشم بپوشد ، لهذا اسلام بسياری از افراد را در مقابل مصالح جامعه فانی کرده‌است، بسياري‌از اشخاص را در مقابل مصالح بشر از بين برده‌است، ريشهٔ بسياری از طوائف را – چون مفسده انگيز وبراي جامعه مضر بوده اند – قطع کرده است .

حضرت رسول (ص) يهود « بني قريظه » را چون جماعت ناراحتی بودند ودر جامعهٔ اسلامي مفسده ايجاد کرده وبه اسلام وحکومت اسلامي ضرر ميرساندند از ميان برداشت .

اصولاً اين دو صفت از صفات مؤمن است که در جای عدالت باکمال قدرت وجرأت اجراي عدالت کند وهيچ عاطفه نشان ندهد ودر مورد عطوفت هم کمال محبت وشفقت را بنمايد . برای جامعه « مأمن » يعنی پناهگاه باشد . جامعهٔ مسلمان وغير مسلمان در سايهٔ حکومت او درأمن وآسايش

باشد ، براحتی زندگی کند وبیم نداشته باشد . اینکه مردم از این حکام میترسند برای این است که حکومت آنها روی قواعد وقوانین نیست ، قلدری است ، لیکن در حکومت شخصي مانند حضرت امیر (ع) ، در حکومت ، اسلامي خوف برای کساني است که خائنند ، ظالمند ، متعدي ومتجاوزند ، ولی برای عموم مردم ترس ونگراني مفهوم ندارد .

در آیهٔ دوم میفرماید : « یا أیها الذین آمنوا اطیعوا الله واطیعوا الرسول واولي الأمر منکم ... »[1].

در روایت است که آیهٔ اول (... ان تؤدوا الامانات الی اهلها ...) مربوط بائمه (ع) است ، وآیهٔ حکم بعدل (واذا حکمتم بین الناس ...) مربوط بامراء میباشد ، واین آیه (اطیعوا الله ...) خطاب بجامعهٔ مسلمین است . بآنان امر میفرماید که از خدا – در احکام الهي – ورسول اکرم (ص) واولي الامر یعنی ائمه پیروی واطاعت کنند از تعالیمشان پیروی واز احکام حکومتي آنان اطاعت نمایند .

عرض کردم که اطاعت از اوامر خداي تعالی غیر از اطاعت از رسول اکرم (ص) میباشد . کلیهٔ عبادیات وغیر عبادیات ، – احکام شرع الهي – اوامر خداونداست. رسول اکرم (ص) در باب نماز هیچ امري ندارد واگر مردم رابه

---

۱ – نساء آیه : ۶۳ .

نماز وامیدارد تأیید واجراي حکم خداست . ما هم که نماز میخوانیم اطاعت امر خدا را میکنیم واطاعت از رسول اکرم (ص) غیر از « طاعة الله » میباشد .

اوامر رسول اکرم(ص) آن است که از خود آنحضرت صادر میشود وامر حکومتي میباشد . مثلا از سپاه « اسامه » پیروي کنید ، سرحدات را چطور نگهدارید ، مالیاتها را از کجا جمع کنید ، بامردم چگونه معاشرت نمائید ... اینها اوامر رسول اکرم است . خداوند مارا الزام کرده که از حضرت رسول (ص) اطاعت کنیم چنانکه مأموریم از اولي الامر - که بحسب ضرورت مذهب ما مراد ائمه (ع) میباشند -اطاعت وپیروی نمایئم. اطاعت از اولي الامر که در اوامر حکومتي میباشد نیز غیر اطاعت خداست . البته از باب اینکه خدای تعالی فرمان داده که از رسول واولی الأمر پیروی کنیم اطاعت از آنان در حقیقت اطاعت خدا هم میباشد .

در دنبال آیه میفرماید : « ... فإذا تنازعتم في شيء فردوه إلى الله والرسول إن كنتم تؤمنون بالله واليوم الآخر ذلك خير وأحسن تأويلا » اگر در امري باهم نزاع داشتید به خدا وپیامبر (ص) رجوع کنید .

منازعه ای که بین مردم واقع میشود بر دو نوع است: یك نوع اینکه بین دودسته یا دونفر سر موضوعي اختلاف

میشود . مثلاً یکي ادعا دارد که طلبکار است ودیگري انکار میکند وموضوع ، اثبات شرعي یا عرفي لازم دارد . در این مورد باید بقضاة رجوع شود وقاضي باید موضوع را بررسی کرده دادرسی نماید . اینها دعاوی حقوقي است .

نوع دیگر اینکه اختلافي در بین نیست بلکه مسألهٔ ظلم وجنایت است . مثلا قلدري مال کسی را بزور گرفته است ، یا مال مردم را خورده است ، دزد بخانهٔ کسی رفته ومالش را برده است . در چنین مواردی مرجع ومسئول ، قاضی نیست بلکه مدعی العموم (یا دادستان) است . در این موارد که موارد جزائی ونه حقوقي است وگاهی جزائی وحقوقي توأم است ابتدا مدعی العموم که حافظ احکام وقوانین است ومدافع جامعه بشمار میآید شروع بکار میکند وکیفرخواست صادر مینماید ، سپس قاضي رسیدگي کرده حکم صادر میکند . این احکام چه حقوقي وچه جزائی بوسیلهٔ دستهٔ دیگري از حکام که مجریان باشند اجرا میشود .

قرآن میفرماید : « ... وإذا تنازعتم ... » در هر امری از امور بین شما نزاع واقع شد مرجع - در احکام - خدا و - در اجراء - رسول است . رسول اکرم (ص) باید احکام را از خدا بگیرد واجرا نماید . اگر موضوع اختلافي بود حضرت رسول بعنوان قاضي دخالت میکند وقضاوت (داد رسی) مینماید واگر منازعات دیگري از قبیل زور گوئی

وحق کشی بود نیز مرجع رسول اکرم است . او چون رئیس دولت اسلام است ملزم میباشد داد خواهی کند ، مأمـور بفرستد وحق را بگیرد ورد نماید . باید دانست در هر امری که مرجع رسول اکرم باشد ائمه (ع) هم میباشند ، واطاعت از ائمه (ع) نیز اطاعت از رسول اکرم (ص) میباشد.

خلاصه ، آیهٔ اول « إذا حکمتم بـين الناس » ودوم « أطیعوا الله وأطیعوا الرسول » وآیهٔ « وإذا تنازعتم في شيء » اعم از حکومت وقضاوت میباشد واختصاص بباب قضاوت نـدارد - صرف نظر از اینکه بعضي از آیات ظهور در حکومت بمفهوم اجرائی دارد .

در آیهٔ بعد میفرماید : « ألم تر إلى الذين يزعمون أنهم آمنوا بما أنزل إليك وما أنزل من قبلك يريدون أن يتحاكموا إلى الطاغوت وقد أمروا أن يكفروا به ... » [1] آیا ندیدي کساني را که مي پندارند به آنچه بسوی تو نازل شده وآنچه پیش از تو نازل شده ایمان آورده اند مي خواهند نزد طاغوت (قدرتهای ناروا) داد خواهی کنند ، در حالیکه مسلم است که دستور دارند به آن (یعني طاغوت) کافر شوند .

اگر نگوئیم منظور از « طاغوت » حکومتهاي جور وقدرتهاي نارواي حکومتي بطور کلی است که در مقابل حکومت

---

۱ - نساء ، آیه ۶۳

الهی طغیان کرده وسلطنت وحکومت برپا داشته اند ، باید قائل شویم که اعم از قضات وحکام است. چون رجوع برای دادرسی واحقاق حقوق و کیفر متعدي غالباً با مراجعه به مقامات قضائی انجام میگیرد وباز حکم قضائی را مجریان – که معمولاً آنهارا حکومت کننده میشناسند - اجرا مي کنند. حکومت های جور چه قضات وچه مجریان وچه اصناف دیگر آنها « طاغوت » اند چون در برابر حکم خدا سر کشی وطغیان کرده قوانيني بدلخواه وضع کرده به اجرای آن وقضاوت طبق آن پرداخته اند. خداوند امر فرموده که به آنها کافرشوید یعني در برابر آنها واوامر واحکامشان عصیان بورزید. بدیهی است کساني که میخواهند به « طاغوت » کافر شوند یعني در برابر قدرتهاي حاکمهٔ ناروا سر بنا فرمانی بر دارند وظائف سنگیني خواهند داشت که بایستي بقدر توانائی وامکان در انجام آن بکوشند.

مقبوله « عمر بن حنظله »

اکنون میپردازیم به بررسی روایت « مقبولهٔ عمر بن حنظله » تا به بینیم چه میگوید ومنظور چه میباشد:

« محمد بن یعقوب ، عن محمد بن یحیی ، عن محمد بن الحسین ، عن محمد بن عیسی ، عن صفوان بن یحیی ، عن داود بن الحصین ، عن عمر بن حنظله:

قال : سألت ابا عبد الله عليه السلام عن رجلين من أصحابنا بينهما منازعة في دين أو ميراث فتحا كما إلى السلطان وإلى القضاة أيحل ذلك ؟ قال : من تحاكم إليهم في حق أو باطل فإنما تحاكم إلى الطاغوت وما يحكم له فإنما يأخذه سحتاً وإن كان حقاً ثابتاً له لأنه أخذه بحكم الطاغوت وما أمر الله أن يكفر بــه ، قال الله تعالى : « يريدون أن يتحاكموا إلى الطاغوت وقد أمروا أن يكفروا به » . قلت : فكيف يصنعان ؟ قال : ينظران من كان منكم ممن قد روى حديثنا ونظر في حلالنا وحرامنــا وعرف احكامنا ... فليرضوا بــه حكماً فاني قد جعلته عليكم حاكماً ... » [1]

عمر بن حنظله ميگويد : از امام صادق (ع) دربارهٔ دو نفراز دوستانمان (يعني شيعه) كه نزاعى بينشان بود در مورد قرض يا ميراث وبه قضات براى رسيدگى مراجعه كرده بودند سؤال كردم كه آيا اين روا است ؟ فرمود : هركه در مورد دعاوى حق يا دعاوى نا حق به ايشان مراجعه كند در حقيقت به « طاغوت » يعني قدرت حاكمهٔ ناروا مراجعــه كرده باشد وهرچه را كه بحكم آنها بگيرد در حقيقت بطور حرام ميگيرد گرچه آن را كه دريافت ميكند حــق ثابت او باشد ، زيرا كه آنرا بحكم وبارأى « طاغوت » وآن قدرتي گرفته كه خدا دستور داده به آن كافر شود ، خــداي تعالى

١ وسائل ، ج ١٨ ، باب ١١ - از كتاب « ابواب صفــات القاضي » ، روايت اول ، ص ٩٨

میفرماید : یریدون ان یتحاکموا إلی الطاغوت وقد امروا أن یکفروا به . پرسیدم : چه باید بکنند ؟ فرمود : بایدنگاه کنند ببینند از شما چه کسی است که حدیث ما را روایت کرده ودر حلال وحرام ما مطالعه نموده وصاحبنظر شده واحکام وقوانین ما را شناخته است ... بایستي او را بعنوان قاضي وداور بپذیرند، زیرا که من اورا حاکم برشما قرار داده ام .

همانطور که از صدر وذیل این روایت ، واستشهاد امام (ع) بآیهٔ شریفه بدست میآید موضوع سؤال ، حکم کلي بوده وامام هم تکلیف کلي را بیان فرموده است . وعرض کردم که براي حل وفصل دعاوي حقوقي وجزائي هم به قضات مراجعه میشود وهم به مقامات اجرائي وبطور کلي حکومتي . رجوع به قضات برای این است که حق ثابت شود وفصل خصومات وتعیین کیفر گردد ورجوع به مقامات اجرائي براي الزام طرف دعوی به قبول محاکمه ، یا اجرای حکم حقوقی و کیفری هر دو است . لهذا در این روایت از امام سؤال میشود که آیا به سلاطین وقدرتهاي حکومتي وقضات رجوع کنیم ؟

تحریم دادخواهی از قدرتهای ناروا

حضرت در جواب ، از مراجعهٔ به مقامات حکومتي

ناروا چه اجرائي وچه قضائي نهی مي فرمايند . دستور ميدهند كه ملت اسلام در امور خود نبايد به سلاطين وحكام جور وقضاتي كه از عمال آنها هستند رجوع كنند،هرچند حق ثابت داشته باشند وبخواهند براي احقاق وگرفتن آن اقدام كنند . مسلمان اگر پسر او را كشته اند يا خانه اش را غارت كرده اند باز حق ندارد به حكام جور برای دادرسی مراجعه كند. همچنين اگر طلبكار است وشاهد زنده دردست دارد نميتواند به قضات سر سپرده وعمال ظلمه مراجعه نمايد. هرگاه در چنين مواردی به آنها رجوع كرد به « طاغوت » يعني قدرتهاي ناروا روی آورده است ، ودر صورتيكه بوسيلهٔ اين قدرتها ودستگاههاي ناروا به حقوق مسلم خويش نائل آمد « فإنما يأخذه سحتاً وان كان حقاً ثابتاً له » به « حرام » دست پيدا كرده وحق ندارد در آن تصرف كند . حق بعضي از فقها در « عين شخصي » گفته اند كه مثلا اگر عباي شمارا بردند وشما بوسيلهٔ حكام جور پس گرفتيد نمی توانيد در آن تصرف كنيد . ما اگر به اين حكم قائل نباشيم ديگر در كليات يعني در « عين كلي » شك نداريم مثلا در اين كه اگر كسي طلبكار بود وبرای گرفتن حق خود به مرجع ومقامي غير از آن كه خدا قرار داده مراجعه وطلب خود را بوسيلهٔ اووصول كرد تصرف در آن جائز نيست . وموازين شرع همين را اقتضا ميكند .

حکم سیاسي اسلام

این حکم سیاسي اســلام است . حکمي است که سبب میشود مسلمانان از مراجعه به قدرتهاي ناروا وقضائي که دست نشاندهٔ آنها هستند خود داري کنندتا دستگاههاي دولتي جائر وغیر اسلامي بسته شود واین تشکیلات عریض وطویل دادگستري که جز زحمت فراوان براي مردم کاري صورت نمیدهد برچیده گردد ، وراه بسوی ائمهٔ هــدی (ع) و کساني که از طرف آنان حق حکومت وقضاوت دارند باز شود. مقصد اصلي این بوده که نگذارند سلاطین وقضاتیکه از عمال آنها هستند مرجع امور باشند ومردم دنبال آنها بروند . بملت اسلام اعلام کرده اند که اینها مرجع نیستند وخداونـد امر فرموده که مردم باید به سلاطین وحکام جور کافر شوند (عصیان بورزند) ، ورجوع بآنها با کفر ورزیدن بآنها منافات دارد . شما اگر کافر بآنان باشید وآنان را نالایق وظالم بدانید نباید بآنها رجوع کنید .

مرجع امور علماء اسلامند

بنا بر این تکلیف ملت اسلام چیست ؟ ودر پیشامدها ومنازعات باید چه کنند وبچه مقامي رجوع کنند ؟ قال : «

ينظران من كان منكم ممن قد روى حديثنا ونظر في حلالنـا وحرامنا وعرف احكامنا ، در اختلافات براويان حديث ما كه بحلال وحرام خدا - طبق قواعد - آشنايند واحكام مارا طبق موازين عقلي وشرعي ميشناسند رجوع كنند . امـام علیه‌السلام هيچ جاي ابهام باقي نگذاشته تا كسي بگويد پسراويان حديث (محدثين) هم مرجع وحاكم ميباشند . تمام مراتب را ذكر فرموده ومقيد كرده باينكه در حلال وحرام طبق قواعد نظر كند وبه احكام معرفت داشته ، موازين دستش باشد تا رواياتي را كه از روي تقيه يا جهات ديگر وارد شده وخلاف واقع ميباشد تشخيص دهد . ومعلوم است كــه معرفت به احكام وشناخت حديث غير از نقل حديث است .

علماء منصوب بفرمانروائي اند

مي فرمايد : « فإني قد جعلته عليكم حاكماً ،من كسي را كه داراي چنين شرايطي باشد حاكم (فرمانروا) بر شمـا قرار دادم ، وكسي كه اين شرايط را دارا باشد از طرف من براي امـور حكومتي وقضائي مسلمين تعيين شده ومسلمانها حق ندارند بغير او رجوع كنند .

بنا براين اگر قلدري مال شما را خورد مرجع شكايت عبارت از مجرياني است كه امام تعيين فرموده واگر با كسي سر دين (وام) نزاع داريد واحتياج باثبات دارد نيز مرجع

آن قاضي است که حضرت تعيين فرموده ونميتوانيد بديگري رجوع نمائيد . اين ، وظيفه عمومي مسلمانهاست نـــه اينکه « عمر بن حنظله » بچنين مشکله اي گرفتار شده وتکليف او چنين باشد .

اين فرمان که امام (ع) صادر فرموده کلي وعمومي است . همانطور که حضرت امير المؤمنين (ع) در دوران حکومت ظاهري خود حا کم ،والي وقاضي تعيين ميکرد وعموم مسلمانان وظيفه داشتند که از آنها اطاعت کنند، حضرت امام صادق (ع) هم چون « ولي امر » مطلق ميباشد وبرهمه علماء ، فقها ومردم دنيا حکومت دارد ميتواند براي زمان حيات ومماتش حا کم وقاضي تعيين فرمايد . همين کار را هم کرده واين منصب را براي فقها قرار داده است ، وتعبير به « حا کمـــاً » فرموده تا خيال نشود که فقط امور قضائي مطرح است وبساير امور حکومتي ارتباط ندارد .

نيز از صدر وذيل روايت وآيه ايکه در حديث ذکر شده استفاده ميشود که موضوع تنها تعيين قاضي نيست که امام (ع) فقط نصب قاضى فرموده باشـــد ودر ساير امور مسلمانان تکليفي معين نکرده ودر نتيجه يکي از دو سؤال را که راجع بدادخواهي از قدرتهاي اجرائي ناروا بوده بلا جواب گذاشته باشد .

این روایت از واضحات است ، ودرسند ودلالتش وسوسه ای نیست . جاي ترديد نيست كه امام (ع) فقها را براي حكومت وقضاوت تعيين فرموده است. برعموم مسلمانان لازم است که از این فرمان امام (ع) اطاعت نمایند .

* * *

براي اين كه مطالب بهتر روشن شود وبه روايات ديگر مؤيد گردد روايت « ابي خديجه » رانيز ميآورم :

« محمد بن حسن باسناده عن محمد بن علي بن محبوب، عن احمد بن محمد ، عن حسين بن سعيد ، عن أبي الجهم ، عن أبي خديجه ، قال : بعثني ابو عبد الله (ع) إلى أحد أصحابنا فقال : قل لهم : اياكم اذا وقعت بينكم الخصومة او تدارى في شيء من الأخذ والعطاء ان تحاكموا الى احد من هؤلاء الفساق . اجعلوا بينكم رجلا قد عرف حلالنا وحرامنا فاني قد جعلته عليكم قاضياً . وإياكم ان يخاصم بعضكم بعضاً إلى السلطان الجائر »[1]

ابو خديجه (يكي از اصحاب مورد اعتماد امام صادق ع) ميگويد كه حضرت صادق (ع) بمن مأموريت دادند كه به دوستانمان (يعنى شيعه) از طرف ايشان چنين پيغام بدهم : مبادا وقتي بين شما خصومت ونزاعي اتفاق ميافتد يا در مورد در يافت وپرداخت اختلافي پيش ميآيد براي محاكمه

١ــ وسائل : ١٠٠/١٨ ، روايت ٦

ورسیدگي بیکي از این جماعت زشتکار مراجعه کنید مردی راکه حلال وحرام ما را میشناسد بین خودتان حاکم وداور سازید ، زیرا من اورا برشما قاضي قرار داده ام . ومبادا که بعضي از شما علیه بعضي دیگر تان به قدرت حاکمهٔ جائر شکایت ببرد .

منظور از « تداري في شيء » که در روایت آمده همان اختلاف حقوقي است . یعني در اختلاف حقوقي ومنازعات ودعاوي به این « فساق » رجوع نکنید . از این که دنبال آن میفرماید : « من براي شما قاضي قرار دادم » معلوم میشود که مقصود از « فساق » وجماعت زشتکار » قضاتي بوده اند که از طرف امرای وقت وقدرتهاي حاکمهٔ ناروا منصب قضاوت را اشغال کرده اند در ذیل حدیث میفرماید : « وایاکم أن یخاصم بعضکم بعضاً الی السلطان الجائر » ، در مخاصمات نیز به سلطان جائر ، یعني قدرت حاکمه جائر وناروا رجوع نکنید ، یعنی در اموري که مربوط به قدرتهاي اجرائی است به آنها مراجعه ننمائید . گرچه « سلطان جائر » قدرت حاکمه جائر وناروا بطور کلي است وهمهٔ حکومت کنندگان غیر اسلامي وهرسه دستهٔ قضات وقانونگزاران ومجریان را شامل میشود ولی باتوجه باینکه قبلاً از مراجعه به قضات جائر نهی شده معلوم میشود که این نهي تکیه بر روی دستهٔ دیگر یعنی

مجریان است . جملهٔ اخیر طبعاً تکرار مطلب سابق یعني « نهی از رجوع به فساق » نیست ، زیرا اول از مراجعه بـه قاضي فاسق در امور مربوط باو که عبارت از بازجوئي ، اقامـهٔ بینه وامثال آن میباشد نهی کردند وقاضي تعیین نموده وظیفهٔ پیروان خود را روشن فرمودند . سپس از رجوع بسلاطین نیز جلوگیري کردند . از این معلوم میشود که باب قضاء غیر از باب رجوع بسلاطین است ، ودو رشته میباشد . در روایت « عمر بن حنظله » که میفر ماید از سلاطین وقضاة داد خواهي نکنید به هر دور شته اشاره شده است . منتهی در این روایت فقط نصب قاضي فرموده ولي در روایت « عمر بن حنظله » هم حاکم مجري وهم قاضي را تعیین کرده است .

آیا علماء از منصب حکومت معزولند؟

اکنون باید دید اینکه امام (ع) در زمان حیات خود ـ طبق این روایت ـ منصب قضاوت را براي فقها قرار داده وبنا بروایت « عمر بن حنظله » هر دو مقام ریاست وقضاوت را بآنان واگذار کرده است آیا وقتیکه امام از دنیا رحلت فرمودند فقها خود بخود از این مقام برکنار میشوند ؟ تمـام قضات وامرائي که ائمه (ع) قرار داده بودند بارفتن خودشان از منصب ریاست وقضاوت معزول میگردندیانه ؟

باقطع نظر از این معنی که وضع وولایت امام (ع)

بادیگران فرق دارد وبنابر مذهب شیعه تمام دستورات واوامر ائمه (ع) در زمان حیات ومماتشان لازم الاتباع است باید دید وضع مناصب ومقاماتیکه در دنیا برای اشخاص تعیین میشود چگونه است ؟

در رژیمهاي دنیا ـ چه سلطنتي وچه جمهوري یاهر شکل دیگر ـ اگر رئیس جمهور یا سلطان وقت از دنیا رفت ، یا اوضاع دگر گون شد ورژیم تغییر کرد مقامات ومنصبهاي نظامي بهم نمیخورد ، مثلاً درجهٔ یك سپهبد خود بخود از او گرفته نمیشود ، سفیر از سفارت عزل نمیگردد ، وزیر مالیه ، استاندار ،فرماندار ، وبخشدار از مقام خود بر کنارنمیشوند. البته رژیم جدید ودولت بعدي میتواند آنانرا از مقامشان بر کنار وعزل نماید ، ولي این مناصب خود بخود سلب نمیگردد .

بعضي امور است که خود بخود از بین میرود ، مثل اجازهٔ حسبیه یا وکالتي که فقیه بکسی میدهد که در فلان شهر اموري را انجام دهد . اگر فقیه فوت شود این امر هم زایل میشود . اما اگر فقیه فرض بفرمائید قیم براي صغیری ، یا متولي برای موقوفه اي تعیین کرد بافوت او این مناصب از بین نرفته بحال خود باقیست .

منصب های علماء همیشه محفوظ است

نیز مقام ریاست وقضاوتي که ائمه (ع) برای فقهای اسلام تعیین کرده اند همیشه محفوظ است . امام (ع) که متوجه همه جهات است ودر کار او غفلت امکان ندارد از این موضوع اطلاع دارد که در حکومتهاي دنيا بارفتن رئيس، منصب ومقام اشخاص محفوظ است . اگر در نظر داشت که بارفتن ایشان حق ریاست وقضاوت از فقهائیکه نصب کرده سلب میشود باید گوشزد میکرد که این منصب براي فقها تا وقتي است که من هستم وبعد از من معزول میباشند .

بنابر این علماء اسلام - طبق این روایت - از طرف امام (ع) بمقام حکومت وقضاوت منصوبند واین منصب همیشه براي آنها محفوظ میباشد . احتمال اینکه امام بعدي این حکم را نقض کرده وفقها را از این منصب عزل فرموده باشد نادرست است . زیرا امام (ع) که میفرماید برای گرفتن حق خود بسلاطین وقضات آنها رجوع نکنید ، رجوع بآنها رجوع بطاغوت است ، بعدهم بآیهٔ شریفه تمسك میفرماید که خداوند امر فرموده بطاغوت کفر بورزید وسپس قاضي وحاکم براي مردم نصب میکنند اگر امام بعدي این منصب را بردارد وحاکم وقاضي دیگرهم قرار ندهد تکلیف مسلمانان چه میشود ؟ در اختلافات ومنازعات باید چه کنند ؟ آیا بفساق

وظلمه رجوع کنند که رجوع بطاغوت وبرخلاف امر خداست؟ یا اینکه دست روی دست بگذارند ، ودیگر مرجع وپناهي نیست ، هرج ومرج است ؟ هرکس خواست مـــال دیگري رابخورد ، حق دیگران را از بین ببرد ، وهر کاري میخواهد بکند ؟

ما یقین داریم که اگر حضرت امام صادق (ع) این مقام ومنصب را براي فقها جعل فرموده باشند حضرت موسی ابن جعفر یا ائمه بعدي علیهم السلام نقض نفرموده اند . یعنی نمیشود نقض کنند وبگویند در امور خود بفقهاي عدول رجوع نکنید یا بسلاطین رجوع کنید، یا دست روی دست بگذارید تا حقوق شما پایمال شود .

البته اگر امامي براي یك شهر قاضي قرار داد بعد از رفتن او امام دیگر میتواند این قاضی را عزل کند ودیگري را بجاي او نصب نماید ، لیکن نمیشود مقام ومنصبهاي تعیین شده را بطور کلي بهم بزنند . این مطلب از واضحات است .

* * *

روایتي را که اکنون میآوریم از مؤیدات مطلب مـــا است . اگر دلیل ما منحصر به یکي از این روایات بود مدعاي خود را نمی توانستیم ثابت کنیم . لکن اصول مطلب گذشت وروایاتي را که قبلا ذکر کردیم دلالتشان تمام بود .

« صحیحه قداح »

« علي بن ابراهيم ، عن ابيه ، عن حماد بن عيسى ، عن القداح (عبد الله بن ميمون) عن أبي عبد الله (ع) قال : قال رسول الله (ص) : من سلك طريقاً يطلب فيه علماً سلك الله به طريقاً إلى الجنة وان الملائكة لتضع اجنحتها لطالب العلم رضاً به وانه ليستغفر لطالب العلم من في السماء ومن في الارض حتى الحوت في البحر ، وفضل العالم على العابد كفضل القمر على ساير النجوم ليلة البدر وان العلماء ورثة الأنبياء وان الأنبياء لم يورثوا ديناراً ولا درهماً ولكن ورثوا العلم فمن أخذ منه أخذ بحظ وافر »[1]. امام صادق (ع) از قول پيامبر عاليقدر (ص) نقل ميفرمايد كه خداوند براي كسي كه در پي دانش راه بپيمايد راهی بسوی بهشت ميگشايد ، وفرشتگان برای ابراز خشنودی خويش (يا خدا) بال وپرشان را بر دانشجو فرو ميگسترند ، وبراي دانشجو هر كه در آسمان است وهر كه در كرهٔ زمين حتی ما هي دردريا طلب آمرزش ميكند وبرتري دانشمند بر عابد مثل برتري ماه شب چهارده برساير ستارگان است ، وبراستي دانشمندان ميراثبر پيامبرانند ، وپيامبران هيچگونه پولي بميراث نميگذارند بلكه علم بميراث ميگذارند، بنابراين هر كس بهره اي از علم فراگيرد بهره‌ای شايان وفراوان برده باشد .

---

۱ – كافي ،ج ۱، باب ثواب العالم والمتعلم،ص ۲۴

رجال حديث همگي ثقه اند ، حتى پدر علي بن ابراهيم (ابراهيم بن هاشم) از بزرگان ثقات (معتمدين در نقل حديث) است — نه اينكه فقط ثقه باشد -- اين روايت باكمي اختلاف در مضمون بسند ديگري نقل شده كه ضعيف است ، يعني سند تا ابو البختري صحيح است ولي خود ابو البختري ضعيف ميباشد . اينك آن روايت :

روايت ابو البختري

« عن محمد بن يحيى ، عن أحمد بن محمد بن عيسى ، عن محمد بن خالد ، عن أبي البختري ، عن أبيعبد الله (ع) ، قال : ان العلماء ورثة الأنبياء ، وذاك أن الأنبياء لم يورثوا درهماً ولا ديناراً وانما اورثوا احاديث من احاديثهم ، فمن أخذ بشيء منها فقد أخذ حظاً وافراً فانظروا علمكم هذا عمن تأخذونه فإن فينا اهل البيت في كل خلف عدولاً ينفون عنه تحريف الغالين وانتحال المبطلين وتأويل الجاهلين »[1] . امام صادق (ع) ميفرمايد : علما ميراثبرانند ، زيرا كه پيامبران هيچگونه پولى بميراث نميگذارند بلكه احاديثى از سخنانشان را بميراث ميگذارند . بنا بر اين هر كه بهري از احاديثشان برگيرد در حقيقت بهره اي شايان وفراوان برده باشد . پس بنگريد كه اين علمتان را از چه كساني ميگيريد ، زيرا درميان ما اهل

١ كافى ١/٣٢

بيت پيامبر (ص) در هر نسلی افراد عادل در ستكاری هستند كه تحريف مبالغه ورزان وروشسازی ناروا گران وتأويـــل نابخردان را از دين دور ميسازند (يعـــنی ساحت دين را از تغييرات مغرضان وتعريفهای نادانان وامثال آن پاك مي گردانند) .

بررسي روايت

مقصود ما از نقل اين روايت كه مرحوم نراقي هم بآن تمسك كرده اينست كه معنى جملۀ « العلماء ورثة الأنبياء » كه در اين روايت آورده شده معلوم شود . در اينجا چند بحث است :

۱ــ مراد از «العلماء»چه كساني هستند ؟ آيا علماءامت است يا اينكه ائمه (ع) مقصود ميباشند؟ بعضي احتمال داده‌اند كه مراد ائمـــه عليهم السلام باشد . ليكن ظـــاهر اينست كه مراد علماء امت باشد ، وخود حديث حكايت‌ميكند كه‌مقصود ائمه (ع) نيست . زيرا وضـــع منا قبيكه در بارۀ ائمه (ع) وارد شده غير از اين است . اين جملات كه انبيـــاء احاديثي از خود بارث گذاشته اند وهر كس آن را اخـــذ كند حظ وافري برده ... نميتواند تعريف ائمه (ع) باشد اين جـــملات شاهد براين است كه مراد علماء امت است. همچنين در روايت

« ابي البختري ، بعد از جملهٔ « العلماء ورثة الأنبیاء »میفرماید :
« فانظروا علمكم هذا عمن تأخذونه ، که ظاهراً میخواهـــد
بفرماید علماء ورثهٔ انبیاء هستند منتهی باید توجه داشته باشند
که علمشان را از چه کسی باید بگیر ند تا بتوانند ورثهٔ انبیاء
باشند . اینکه بگوئیم مراد اینستکه ائمه ورثهٔ انبیاء هستند
ومردم باید علم را از ائمه کسب کنند خلاف ظـاهـر است .
هر کس روایاتی را که در بارهٔ ائمه علیهم السلام وارد شـــده
ملاحظه کند وموقعیت آنحضرات را نزد رسول‌الله (ص)بداند
متوجه میشود که مراد از این روایت ائمه نیستند بلکه علماء
امتند . چنانکه امثال این مناقب برای علمـــاء در روایات
بسیاری وارد شده ، مانند : « علماء امتي کسایر انبیاء قبلي »
و « علماء امتي کأنبیاء بني اسرائیل » . [١]

در هر صورت این،ظاهر است که مراد علماء امت باشد.

۲ - ممکن است گفته شود که از جملهٔ « العلماء ورثة
الأنبیاء » به تنهائي نمیتوانیم مطلبي را که میخواهـــیم (ولایت
فقیه) استفاده کنیم ، زیرا انبیاء یك جهت نبوت دارند وآن
اینستکهعلم را از مبدأ اعلي وحي، یا الهام ویا بکیفیت دیگر
میگیرند ولی این حیثیت اقتضای ولایت برمردم ومؤمنین را
ندارد ، واگر خدای تعالی حیثیت امامت وولایت را برای
آنان قرار ندهد قهراً این حیثیت را دارا نیستند وفقـط نبي

هستند واگر مأمور بتبلیغ هم شدند باید چیزهائی را که دارند بمردم برسانند - در روایات ما ، بین نبي ورسول فرق گذاشته شده‌است،باینمعنی که رسول مأمور بتبلیغ است ولی نبي فقط مطالب را میگیرد...- وچون حیثیت نبوت وحیثیت ولایت باهم فرق دارد ودر این عبارت (العلماء ورثة الأنبیاء) وصف عنواني انبیاء - مراد بوده وعلماء را بلحاظ همین وصف عنواني نازل منزلهٔ انبیاءقرار داده است، واین وصف‌هم اقتضاي ولایت را ندارد بنا براین ما نمیتوانیم از این جمـــله برای علماء استفادهٔ ولایت را بنمائیم . البته اگر فرموده بود علماء بمنزلهٔ موسی یا عیسی هستند ما میفهمیدیم همـا نطوریکه حضرت موسی همهٔ جهات وحیثیات را- که یکي از آنها ولایت میباشد - دارا هستند علماء نیز داراي حیثیت ولایت میباشند،لیکن چون اینطور نفرموده وعلماء را نازل منزلهٔ شخص قرارنداده نمیتوانیم از جملهٔ مزبور چنین استفاده ای را بنمائیم .

در جواب این اشکال ، باید عرض کنم که مـیزان در فهم روایات وظواهر الفاظ ، عرف عام وفهم متعارف مردم است نه تجزیه وتحلیل هاي علمي . وما هم تابع فهـم عرف هستیم . اگر فقیه بخواهد در فهم روایات دقائـــق علمي را وارد کند از بسیاري مطالب بازمـیماند . بنا براین اگر عبارت « العلماء ورثة الانبیاء » را بعرف عرضه کنیم آیادر

ذهن آنها میآید که وصف عنواني انبیـــاء مراد است وفقط درهمین وصف عنواني تنزیل میباشد ؟ یا اینکه این جمله را اماره (دلیل) قرار میدهد براي اشخاص ؟ یعني اگر از عرف مردم سؤال شود : فـــلان فقیـه بمنزلهٔ موسی وعیسی است یانه ؟ جواب میدهد -طبق این روایت- آری ، چون موسی وعیسی از انبیاء هستند . یا اگر سؤال شود که فقیه وارث رسول الله (ص) است یانه ؟ میگویـــد : آری ، چون رسول الله (ص) از انبیاء است .

بنا براین ما نمیتوانیم « انبیـــاء » را وصف عنواني بگیریم خصوصا چون بلفظ جمع است . اگر بلفظ مفرد میآورد باز راهی برای آن احتمال بود ، لیکن وقتیکه گفتند «انبیاء» ولفظ جمع آوردند یعني کل فرد من الانبیاء ، نـه اینکه کل فرد من الانبیاء بمام انبیاء که نظر بوصف عنواني باشد - واین وصف عنواني را از سایر اوصاف جدا کند وبگوید فقیه بمنزلهٔ نبي است ـ نه بمنزله رسول ونه بمنزله ولی . این تجزیه وتحلیل ها در باب روایات ، خلاف فهم عرف وعقلاست.

۳ ـ بر فرض ما قبول کنیم که تنزیـــل در وصف عنوانی شده وعلماء بمنزلهٔ انبیاء ـ بمام انبیاء ـ هستند بایــد حکمي را که خداوند تعالی بحسب این تنزیل ، براي نبي ثابت فرموده حکم آن را براي علماء هم ثابت بدانیم . مثلا اگر گفته

شود که فلان شخص بمنزلهٔ عادل است ، سپس بگوید که اکرام عادل واجب است ، از این حکم وتنزیل فهمیده میشود که آنشخص وجوب اکرام دارد . بنا براین ما میتوانیم از آیهٔ شریفه « النبي اولی بالمؤمنین من انفسهم »[1] استفاده کنیم که منصب ولایت براي علماءهم ثابت است . باین بیان که مراد از اولویت ، ولایت وامارت است چنانکه در مجمع البحرین در ذیل این آیهٔ شریفه روایتي از امام باقر (ع) نقل میکنند که حضرت فرمودند : « این آیه در بارهٔ امارت (حکومت وولایت) نازل شده است »[2] . بنا براین، نبي ولایت وامارت بر مؤمنین دارد . وهمان امارت وولایتي که براي نبي اکرم (ص) است براي علماء نیز ثابت میباشد ، چون درآیه حکم روی وصف عنواني آمده ودر روایت هم تنزیل در وصف عنواني شده است .

بعلاوه میتوانیم بآیاتي که برای رسول احکامي راثابت کرده است استدلال کنیم ، مانند آیهٔ شریفه « اطیعوا الله واطیعوا الرسول واولی الامر منکم »[3] . باینکه بگوئیم رسول ونبي در نظر عرف فرقی ندارند ـ اگر چه در بعضي

---

۱ ـ سوره احزاب ، آیه ٦

۲ ـ روی عن الباقر (ع) « انها نزلت في الامرة یعني الامارة » مجمع البحرین ٤٥٧ طبع جدید

۳ ـ نساء آیه ٦٣

روایات بین رسول ونبي از نظر کیفیت نزول وحـــي فرق گذاشته شده است ـ ولي نبي ورسول در نظر عرف وعقـلا بیك معنی میباشند . از نظر عرف « نبي » کسی است که از طرف خداوند انباء میکند ، و « رسول » کسي میباشد که آنچه را خداوند باو فرموده بمردم میرساند . .

٤ ـ ممکن است گفته شود : احکامیکه بعد از وفات پیغمبر (ص) از ایشان بجای گذاشته شده نوعي میراث است ـ اگر چه اصطلاحاً بآن میراث گفته نمیشود ـ وکسانیکه این احکام را میگیرند وارث پیغمبر هستند ، لکن از کجا معلوم منصب ولایتي که رسول اکرم (ص) بر همهٔ مردم دارد قابل ارث باشد وبارث برده شود ؟ شاید آنچه قابـــل ارث میباشد همان احکام واحادیث است . در همین روایت هم دارد که انبیاء علم را بارث میگذارند وهمچنین ... روایت ابو البختری میفرماید: « انما اورثوا احادیث من احادیثهم ». پس معلوم میشود احادیث را بارث گذاشته اند وولایت قابل ارث ومیراث نیست .

این اشکال هم صحیـح نیست . زیرا ولایت وامـارت از امور اعتباریه وعقلائي است ، ودر این امور باید بعقــلا مراجعه کنیم وببینیم که آنان انتقال ولایت وحکومت را از شخصي بشخص دیگر - بعنوان ارث ـ اعتبار میکنند یانه ؟

مثلا اگر از عقلاي دنيا سؤال شود که وارث فلان سلطنت کیست ؟ آیا در جواب اظهار میدارند که منصب قابل از براي ميراث نيست يا ميگويند که فلاني وارث تاج وتخت است ؟ اصولاً این جملهٔ « وارث تاج وتخت » از جملات معروفه است . شکی نیست که امر ولایت از نظر عقلا مانند ارث در اموال که از شخصي بديگري منتقل ميشود قابل انتقال است . اگر کسي بآيهٔ شريفهٔ « النبي اولى بالمؤمنين من انفسهم » نظر کند واین روایتي را که ميگويد : «العلماء ورثة الانبياء» بنگرد متوجه میشود که مراد همین امور اعتباریه است که عقلا آنرا قابل انتقال میدانند .

اگر این عبارت « العلماء ورثة الأنبياء » در بارهٔ ائمه عليهم السلام وارد شده بود - همچنانکه در روایت آمده که ائمه (ع) در همهٔ امور وارث پیغمبر (ص) هستند - جاي ترديد نبود که میگفتیم ائمه (ع) در همهٔ امور وارث پیغمبر (ص) هستند ، واینطورنبرد کسی بگوید که مراد وراثت در علم ومسائل شرعيه است .

بنابر این اگر ما فقط جملهٔ « العلماء ورثة الأنبياء » را در دست داشتيم واز صدر وذیل روایت صرفنظر میکردیم بنظر میرسید که تمام شؤون رسول اکرم (ص) که بعد از ایشان قابل انتقال است واز آنجمله امارت برمردم که بعد از ایشان براي ائمه (ع) ثابت است برای فقهام ثابت میباشد

مگر شؤونی که بدلیل دیگری خارج شود . وما هم بمقداری که دلیل خارج میکند کنار میگذاریم .

قسمت عمده ای که از اشکال فوق باقی میماند این است که جملهٔ « العلماء ورثة الأنبياء » در خلال جملاتی قرار گرفته که میتواند قرینه باشد براینکه مراد از میراث ، احادیث است . چنانکه در صحیحهٔ قداح دارد « ان الانبياء لم يورثوا ديناراً ولا درهماً ولكن ورثوا العلم » ودر روایت ابوالبختری بعد از جملهٔ « لم يورثوا درهماً ولا ديناراً » میگوید « وانما اورثوا احاديث من أحاديثهم » . این عبارات قرینه میشود که میراث انبیاء احادیث است وچیز دیگری ار آنان باقی نمانده که قابل ارث باشد ، خصوصاً که در اول جمله « انما » دارد که دلالت برحصر میکند .

این اشکال هم تمام نیست . زیرا اگر مراد این باشد که پیغمبر اکرم (ص) فقط احادیث را از خود بجای گذاشته وچیز دیگری از ایشان نیست که بارث برده شود این خلاف ضرورت مذهب ماست . چون پیغمبر اکرم (ص) اموری را از خود بجای گذاشته که ارث برده میشود ، وجای تردید نیست که حضرت رسول (ص) ولایت برامت داشتند وبعد از ایشان امر ولایت بامیر المؤمنین (ع) منتقل شد وبعد از ایشان هم بائمه علیهم السلام ـ یکی پس از دیگری ـ واگذار گردید .

کلمهٔ « انما » هم در اینجا حتماً برای حصر نیست واصلاً معلوم نیست که « انما » دلالت بر حصر داشته باشد، علاوه براینکه « انما » در صحیحهٔ قداح نیست ودر روایت ابو البختري آمده آنهم عرض کردم از نظر سند ضعیف است.

ما اکنون عبارت صحیحه را میخوانیم تاببینیم که جملات آن قرینه میشوند براینکه میراث انبیاء اختصاص باحادیث دارد یانه ؟

« ... من سلك طريقاً يطلب فيه علماً سلك الله به طريقاً الى الجنة .. » این جمله در ستایش علماست. تصور نشود که این ستایش مربوط بهر عالمي است وعلماء هر طور باشند این تعریف، آنانرا شامل میشود. بروایاتیکه در « کافي » نسبت باوصاف وظائف علماء است مراجعه کنید تا معلوم شود که تا کسی چند کلمه درس خواند از علماء وورثهٔ انبیاء نمیشود بلکه وظائفي دارد وآنوقت کار مشکل میشود.

« ... وان الملائكة لتضع اجنحتها لطالب العلم رضا به ... » معنی « وضع اجنحه » نزد اهلش معلوم است واکنون جای بحث آن نیست. این عمل براي احترام یا خفض جناح وتواضع است.

« ... وانه يستغفر لطالب العلم من في السماء ومن في الأرض حتى الحوت في البحر ... » این جمله، احتیاج به بیان مفصلي

دارد که فعلاً از بحث ما خارج است .

« وفضل العالم على العابد كفضل القمر على سائر النجوم ليلة البدر ... » معنى این جمله هم معلوم است .

« ... وان العلماء ورثة الأنبياء ... » از صدر روایت تا اینجا در مقام تعریف علماء وبیان فضائل واوصاف آنها میباشد ویکي از فضائل آنان این است که ورثهٔ انبیاء هستند . وارث انبیاء بودن وقتي برای آنان فضیلت است که مانند انبیاء ولایت (حکومت) بر مردم داشته وواجب الاطاعه باشند .

واما اینکه ذیل روایت دارد : « ان الأنبیاء لم یورثوا دیناراً ولا درهماً ... » معنایش این نیست که انبیاء غیر از علم وحدیث هیچ ارث نمیگذارند بلکه این جمله کنایه از این است که آنان با اینکه ولی امر بوده وحکومت بر مردم دارند رجال الهي هستند ، افراد مادي نیستند تا در پي جمع آوري زخارف دنیوي باشند ، واین که اسلوب حکومت انبیاء غیر از حکومت سلطنتي وحکومتهاي متداول است که برای متصدي خود مایهٔ مال اندوزي وکامرانی میشود .

وضع زندگي پیغمبر اکرم (ص) بسیار ساده بود . از مقام ومنصب خود بنفع زندگي مادي استفاده نکردند تا چیزي از خود بجاي گذارند وآنچه را که باقي گذاشتند علم است که اشرف امور میباشد ، خصوصاً علمي که از ناحیه

حق تعالی باشد . وخصوص علم را که در روایت ذکر کرده شاید بهمین جهت بوده است .

بنا براین نمیتوان گفت چون در این روایت که اوصاف علماء بیان شده وراثت در علم وعدم توریث مال در آن ذکر شده ظاهر است در این معنی که علماء منحصراً علم وحدیث را ارث میبرند .

در بعضي موارد ، این حدیث به جملهٔ « ما ترکناه صدقه » تذییل شده است که جزء حدیث نیست وروی جهت سیاسي بحدیث اضافه شده ، چون این حدیث در فقه عامه هم میباشد .

نهایت چیزیکه در اینجا میتوان گفت اینستکه با احتمال باینکه این جملات قرینه باشد ما نتوانیم تمسك باطلاق جملهٔ « العلماء ورثة الأنبیاء » بنمائیم وبگوئیم « کل ما کان للأنبیاء للعلماء » لیکن اینطور نیست که احتمال قرینه بودن این جملات موجب شود که بگوئید روایت ظهور دارد در اینکه علماء فقط از علم انبیاء ارث میبرند وبعد معارضه واقع شود بین این روایت وروایاتیکه قبلاً ذکر کردیم که دلالت بر مطلب ما داشت واین روایت آن مطالب را هدم کند . چنین چیزي از این روایت استفاده نمیشود .

اثبات ولایت فقیه از طریق نص

واگر - فرضاً - گفته شود که از روایت استفاده میشود که رسول الله (ص) جز علم چیزي بارث نگذاشته است وامر ولایت وخلافت هم ارثي نیست واگر خود رسول الله (ص) میفرمود «علی وارثي» استفاده نمیکردیم که حضرت امیر (ع) خلیفۀ آنحضرت است. در این صورت ناچاریم که راجع بخلافت امیر المؤمنین وائمه علیهم السلام بنص متشبت شویم وبگوئیم که رسول الله (ص) امیر المؤمنین (ع) را بخلافت منصوب کرده است وهمین مطلب را نسبت بولایت فقیه میگوئیم. چون بنا برآن روایتي که سابقاً ذکر شد فقها از طرف رسول الله (ص) بخلافت وحکومت منصوبند. باین طریق بین این روایت وروایاتیکه دلالت بر نصب دارد جمع میکنیم.

مؤیدي از فقه رضوي

در عوائد نراقي از «فقه رضوي» روایتي نقل میکند باین مضمون:

«منزلة الفقیه فی هذا الوقت کمنزلة الأنبیاء في بني اسرائیل»[1] مقام فقیه این زمان مثل مقام پیامبران بني

---

۱ - عوائد نراقي، ۱۸۶، حدیث ۷

اسرائیل است .

البته نمیتوانیم بگوئیم که « فقه رضوي » از امام رضا (ع) صادر شده ولي میتوان بعنوان مؤید بآن تمسك کرد .

باید دانست مراد از « انبیاء بني اسرائیل » فقهائیکه در زمان حضرت موسی بودند وشاید بآنان از جهتي انبیاء گفته میشد نمیباشد . فقهائیکه در زمان حضرت موسی بودند همه تابع آنحضرت بودند وبه پیروی او کارهائی داشتند وشاید وقتیکه حضرت موسی آنانرا براي تبلیغ بجائی میفرستاد ولی امرشان هم قرار میداد - البته ما از وضع آنها اطلاع دقیق نداریم - اما این معلوم است که خود حضرت موسی (ع) از انبیاء بني اسرائیل است وهمه چیزهائیکه برای حضرت رسول الله (ص) هست براي حضرت موسی هم بوده است - البته باختلاف رتبه ومقام ومنزلتشان - بنابراین ما از عموم منزله در روایت میفهمیم آنچه را که براي حضرت موسی در امر حکومت وولایت بر مردم بوده براي فقهاهم میباشد .

سایر مؤیدات

از جامع الاخبار هم روایتي نقل میکنند که پیغمبر اکرم (ص) فرموده است :

« افتخر یوم القیامه بعلماء امتي وعلماء امتي کسایر

انبیاء قبلي»[1] در دورهٔ قیامت به علماي امتم افتخار ومباهات خواهم کرد ، وعلماي امت من مثل سایر انبیاي سابقند .

این روایت هم از مؤیدات مطلب ما است .

در « مستدرك » روایتي از « غرر » نقل میکند باین مضمون : « العلماء حکام علی الناس » علما حـــاکم برمردمند. وبلفظ « حکماء علی الناس » نیز نقل شده ولي بنظر میآید که صحیح نباشد . گفته شد که در خود « غرر » بصورت «حکام علی الناس » بوده است .

این روایت هم ـ اگر سندش معتبر بود ـ دلالتش واضح ویکي از مؤیدات است . روایات دیگری هست که میتوان براي تأیید ذکر کرد .

* * *

از جملهٔ اینگونــه روایات ، روایت « تحف العقول » است تحت عنوان « مجاری الامور والاحکام علی ایدي العلماء» . این روایت از دو قسمت تشکیل یافته : قسمت اول روایتي است از حضرت سید الشهداء (ع) که از امیر المؤمنین عـلي ابن أبیطالب (ع) نقل فرموده در بارهٔ « امر بمعروف ونهي از منکر » وقسمت دوم نطق حضرت سید الشهداء است

---

۱ ـ عوائد نرقی بنقل از جامع الاخبار ۱۸۶ روایت ۶

دربارهٔ « ولایت فقیه » ووظائفي که فقها در مورد مبارزه با ظلمه ودستگاه دولتي جائر بمنظور تشکیل حکومت اسلامي واجراي احکام دارند . این نطق مشهور را در « منا » ایراد ودر آن علت جهاد داخلي خود را برضد دولت جائر اموی تشریح فرموده است . از این روایت دو مطلب مهم بدست میآید . یکي « ولایت فقیه » ودیگري این که فقها باید باجهاد خود وبا امر بمعروف ونهي از منکر ، حکام جائر را رسوا ومتزلزل ومردم را بیدار گردانند تا نهضت عمومي مسلمانان بیدار حکومت جائر را سرنگون وحکومت اسلامي را برقرار سازد . اینک روایت :

« اعتبروا أیها الناس بما وعظ الله به اولیائه من سوء ثنائه على الاحبار اذ یقول : « لولا ینهاهم الربانیون والاحبار عن قولهم الاثم واکلهم السحت لبئس ما کانوا یصنعون »[1] وقال : « لعن الذین کفروا من بني اسرائیل – الى قوله – لبئس ما کانوا یفعلون »[2] . وإنما عاب الله ذلك علیهم لأنهم کانوا یرون من الظلمة الذین بین اظهرهم المنکر والفساد فلا ینهونهم عن ذلك رغبة فیما کانوا ینالون منهم ورهبة مما یحذرون ، والله یقول : « فلا تخشوا الناس واخشوني »[3] وقال : « المؤمنون والمؤمنات

١– مائده ، آیه ٦٦
٢– « آیه ٨١
٣– « آیه ٤٧

بعضهم اولياء بعض يأمرون بالمعروف وينهون عن المنكر..»[1] فبدأ الله بالأمر بالمعروف والنهي عن المنكر فريضة منه لعلمه بأنها إذا أديت واقيمت استقامت الفرائض كلها هينها وصعبها وذلك أن الأمر بالمعروف والنهي عن المنكر دعاء إلى الإسلام مع رد المظالم ومخالفة الظالم وقسمة الفيىء والغنائم واخذ الصدقات من مواضعها ووضعها في حقها».

«ثم أنتم أيتها العصابة عصابة بالعلم مشهورة وبالخير مذكورة وبالنصيحة معروفة، وبالله في أنفس الناس مهابة، يهابكم الشريف ويكرمكم الضعيف ويؤثركم من لا فضل لكم عليه ولا يد لكم عنده، تشفعون في الحوائج إذا امتنعت من طلابها وتمشون في الطريق بهيبة الملوك وكرامة الأكابر. أليس كل ذلك انما نلتموه بما يرجى عندكم من القيام بحق الله وان كنتم عن اكثر حقه تقصرون، فاستخففتم بحق الامة، فأما حق الضعفاء فضيعتم وأما حقكم بزعمكم فطلبتم. فلا مالاً بذلتموه ولا نفساً خاطرتم بها للذي خلقها ولا عشيرة عاديتموه في ذات الله. أنتم تتمنون على الله جنته ومجاورة رسله وأماناً من عذابه. لقد خشيت عليكم أيها المتمنون على الله أن تحل بكم نقمة من نقماته لأنكم بلغتم من كرامة الله منزلة فضلتم بها ومن يعرف بالله لا تكرمون وأنتم بالله في عباده تكرمون. وقد ترون عهود

---

١ - توبه، آيه ٧٢

الله منقوضة فلا تفزعون وأنتم لبعض ذمم آبائكم تفزعون وذمة رسول الله (ص) محقورة ، والعمى والبكم والزمن في المدائن مهملة لا ترحمون ، ولا في منزلتكم تعملون ولا من فيها تعنون ، وبالأدهان والمصانعة عند الظلمة تأمنون . كل ذلك مما أمركم الله به من النهي والتناهي وأنتم عنه غافلون . وأنتم أعظم الناس مصيبة لما غلبتم عليه من منازل العلماء لو كنتم تسعون . ذلك بأن مجاري الامور والأحكام على أيدي العلماء بالله الامناء على حلاله وحرامه . فأنتم المسلوبون تلك المنزلة ، وما سلبتم ذلك إلا بتفرقكم عن الحق واختلافكم في السنة بعد البينة الواضحة . ولو صبرتم على الأذى وتحملتم المؤونة في ذات الله كانت امور الله عليكم ترد وعنكم تصدر وإليكم ترجع ولكنكم مكنتم الظلمة من منزلتكم واستسلمتم امور الله في أيديهم يعملون بالشبهات ويسيرون في الشهوات ، سلطهم على ذلك فراركم من الموت وإعجابكم بالحياة التي هي مفارقتكم . فأسلمتم الضعفاء في أيديهم ، فمن بين مستعبد مقهور وبين مستضعف على معيشته مغلوب . يتقلبون في الملك بآرائهم ويستشعرون الخزي بأهوائهم اقتداء بالأشرار وجرأة على الجبار . في كل بلد منهم علي منبره خطيب يصقع فالأرض شاغرة وأيديهم فيها مبسوطة ، والناس لهم خول لا يدفعون يد لامس ، فمن بين جبار عنيد وذي سطوة على الضعفة شديد ، مطاع لا يعرف المبدىء المعيد ، فيا عجباً ومالي لا أعجب والأرض من غاش غشوم ومتصدق ظلوم

وعامل على المؤمنين بهم غير رحيم . فالله الحاكم فيما فيه تنازعنا والقاضي بحكمه فيما شجر بيننا .

اللهم إنك تعلم أنه لم يكن ما كان منا تنافساً في سلطان ولا التماساً من فضول الحطام ، ولكن لنرى المعالم من دينك ونظر الاصلاح في بلادك ويأمن المظلومون من عبادك ويعمل بفرائضك وسننكم وأحكامك فإنكم تنصرونا وتنصفونا قوى الظلمة عليكم ومن عملوا في اطفاء نور نبيكم ، وحسبنا الله وعليه توكلنا وإليه أنبنا وإليه المصير »[1] اى مردم از پندی که خدا بدوستدارانش بصورت بدگوئي از «احبار» داده عبرت بگيريد ، آنجاكه ميفرمايد : « چرا نبايد علماى ديني واحبار از گفتار گناهكارانۀ آنان (يعنى يهود) وحرا مخواري آنان جلوگيري كنند ، راستي آنچه انجام ميداده وبوجود ميآورده اند خيلي بد بوده است » ، وميفرمايد : « آنعده از بني اسرائيل كه كفر ورزيدند لعنت شدند - تا آنجا كه ميفرمايد - راستي كه آنچه انجام ميداده اند خيلي بدبوده است » . در حقيقت ، خدا آنرا از اينجهت برايشان عيب ميشمارد ومايۀ ملامت ميسازد كه آنان با چشم خود ميديدند كه ستمكاران به زشتكاري وفساد پرداخته اند وباز منعشان نميكردند بخاطر عشقي كه به در يافتي هاي خود از

١ - تحف العقول - حسن بن على بن شعبه حرانى ، دانشمند ومحدث قرن چهارم هجري ، ص ٢٣٧ .

آنان داشتند ونیز بخاطر ترسي که از آزار وتعقیب آنان بدل راه میدادند ، در حالیکه خدا میفر ماید : از مردم نترسید واز من بترسید » ومیفرماید:« مردان مؤمن دوستدار ورهبر و عهده داریکدیگرند ، همدیگر را امر بمعروف ونهـــي از منکر میکنند ...» (می بینیم که در این آیه در شمردن صفات مؤمنان ، صفاتي که مظهر دوستداري وعهـده داري ورهبري متقابل مؤمنان است) خدا از امر بمعروف ونهي از منکر شروع میکند ونخست این را واجب میشمارد ، زیرا میداند که اگر امر بمعروف ونهي از منکر انجام بگیرد ودر جامعه برقرار شود همهٔ واجبات از آسان گرفته تا مشکل همگي برقرار خواهد شد . وآن بدین سبب است کـــه « امر بمعروف ونهي از منکر » عبارت است از « دعوت به اسلام » (یعني جهاد اعتقادی خارجي) باضافهٔ بازگردا ندن حقوق ستمدیدگان به ایشان ومخالفت ومبارزه با ستمگران (داخلي) و کوشش براي این که ثروتهاي عمومي ودر آمد جنگي طبق قانون عادلانهٔ اسلام توزیع شود وصدقات (زکات وهمهٔ مـالیاتهاي الزامي یا داوطلبانه) از موارد صحیح وواجب آن جمع آوری وگرفته شود وهم در موارد شرعی وصحیح آن بمصرف برسد.

علاوه بر آنچه گفتم ، شما اي گروه ! اي گروهي که به علم وعالم بودن شهرت دارید واز شما بنیکي یاد میشود وبه خیر خواهي واندرز گوئی وراهنمائي در جامعه معروف شده

اید ، وبخاطر خدا دردل مردم شکوه ومهابت پیدا کرده اید بطوریکه مرد مقتدر از شما بیم دارد وناتوان بتکریم شما بر میخیزد وآن کس که هیچ برتري براوندارید ونه قدرتي براو دارید شما را برخود برتري داده است ونعمتهای خویش را از خود دریغ داشته بشما ارزاني میدارد ، در موارد حوائج (یا سهمیهٔ مردم از خزانهٔ عمومي) وقتي بمردم پرداخت نمیشود وساطت میکنید ، ودرراه با شکوه ومهابت پاد شاهان و بزرگواري بزرگان قدم برمیدارید . آیا همهٔ این احترامات وقدرتهای معنوي را از اینجهت بدست نیاورده اید که بـه شما امید میرود که به اجراي قانون خدا کمر ببندید گرچه در مورد بیشتر قوانین خدا کوتاه آمده اید ؟ بیشتر حقوق الهي را که بعهده دارید فرو گذاشته اید ،مثلا حق ملت را خوا روفرو گذاشته اید ، حق افراد ناتوان وبیقدرت را ضایع کرده اید اما در همان محال بدنبال آ نچه حق خویش میپندارید برخاسته اید . نه پولي خرج کرده اید ونه جان را در راه آ نکه آنرا آ فریده به خطر انداخته اید ونه با قبیله و گروهي بخاطر خدا در افتاده اید . شما آرزو دارید وحق خود میدانید که بهشتش وهمنشیني پیامبرانش وایمنی از عذابش را بشما ارزاني دارد .من اي کساني که چنین انتظاراتي از خدا دارید از این بیمناکم که نکبت خشمش برشما فروافتد ، زیرا در سایهٔ عظمت وعزت خدا به منزلتي بلند رسیده اید ولی خـدا شنـاسـاني را که ناشر

خداشناسی هستند احترام نمیکنید ، حال آنکه شما بخاطر خدا درمیان بندگانش مورد احترامید . ونیز از آنجهت برشما بیمناکم که بچشم خود می بیئید تعهداتي که در برابر خداشده (يعني قرار داد های اجتماعي که نظامات ومناسبات جامعهٔ اسلامي رامیسازد) گسسته وزیر پانهاده است اما نگران نمیشوید در حالیکه بخاطر پاره اي از تعهدات پدرانتان نگران وپریشان میشوید واینك تعهداتي که در برابر پیامبر انجام گرفته (يعني مناسبات اسلامي که از طریق بیعت با پیامبر اکرم تعهد شده همچنین تعهد اطاعت وپیروی از جانشینش علی واولادش که در غدیر خم در برابر پیامبر انجام گرفته) مورد بي اعتنائي است . نا بینایان ،لا لها، وزمینگران ناتوان در همهٔ شهرها بي سرپرست مانــــده اند وبرآنها ترحم نمیشود . ونه مطابق شأن ومنزلتتان کارمیکنید ونه به کسي که چنین کاري بکند ودر ارتقاء شأن شما بکوشد اعتنا یا کمك میکنید . با چرب زباني وچاپلوسي وسازش باستمکاران ، خود را در برابر قــــدرت ستمکاران حاکم ، ایمن میگردانید . تمام اینها دستورهائی است که خدا بصورت نهی یا همدیگر را نهی کردن وباز داشتن داده وشما از آنها غفلت میورزید ، مصیبت شـما از مصائب همهٔ مردم سهمگین تراست ، زیرا منزلت ومقام علمائي را از شما باز گرفته اند . چون در حقیقت ، جریان اداري کشور وصدور احکام قضائي وتصویب برنامه هاي کشور باید بدست

دانشمندان روحاني که امين حقوق الهي وداناي حلال وحرمند سپرده باشد . امـــا اينك مقامتان را از شمـــا بازگرفته وربوده اند ، واين که چنين مقامي را از دست داده ايد هيچ علتي ندارد جز اين که از دور محور حق (يعني قانون اســلام وحکم خدا) پراکنده ايد ودربارهٔ سنت پس از اينکه دلائل روشن بر حقيقت وکيفيت آن وجود دارد اختلاف پيدا کرده ايد . شما اگر مرداني بوديد که برشکنجه وناراحتي شکيبا بوديد ودر راه خدا حاضر بتحمل ناگواري ميشديد مقررات براى تصويب پيش شما آورده ميشد وبدست شما صادر ميشد ومرجع کارها بوديد . اما شما به ستمکاران مجـال داديد تا اين مقام را از شما بستانند ، وگذا شتيد حکومتي که قانوناً مقيد به شرع است بدست ايشان بيفتدتا براساس پوسيدهٔ حـــدس وگمان به حکومت پردازند وطريقهٔ خـــودکامگي واقناع شهوت را پيشه سازند . مايهٔ تسلط آنان بر حکومت،فرارشما از کشته شدن بود ودلبستگي تان به زندگي گريزان دنيـا . شما با اين روحيه ورويه ، تودهٔ ناتوان را بچنگال اين ستمگران گرفتار آورديد تايکي برده وار سرکوفته باشـــد وديگري بيچاره وارسرگرم تأمين آب ونانش ، وحکام خودسرانه در منجلاب سلطنت غوطه خورند وباهوسبازي خويش ننگ ورسوائي ببار آورند ، پيرو بدخويان گردنـــد ودر برابر خداگستاخي ورزند . در هر شهر سخنوري از ايشان برمنبر

آمده وگماشته است . خاك وطن زیر پایشان پراکنده ودستشان در آن گشاده است . مردم بندهٔ ایشانند وقدرت دفاع از خودرا نداورند . یك حاکم ،دیکتاتور وکینه ورز وبدخواه است وحاکم دیگر بیچارگان را میکوبد وبه آنها قلدري وسختگیري میکند،وآندیگر فرمانروائي مسلط است که نه خدا را میشناسد ونه روز جزارا ! شگفتا ! وچرا نه شگفتي ! که جامعه در تصرف مرده غلباز ستمکاری است که مأمور مالیاتش ستم ورز است واستاندارش نسبت به اهالی دیندار ، نا مهربان وبیرحم است .

خدا است که در مورد آنچه درباره اش بکشمکش برخاسته ایم حکومت وداوري خواهد کرد ودربارهٔ آنچه بین مارخ داده با رأی خویش حکم قاطع خواهد کرد .

خدا یا ! بیشك تومیداني آنچه از ما سرزده (یعنی مبارزه اي که اخیراً بر ضد دستگاه حاکمهٔ اموی پیش گرفته ایم) رقابت در بدست آوردن قدرت سیاسي نبوده ونه جستجوی ثروت ونعمتهاي زائد ، بلکه براي این بوده که اصول وارزشهاي درخشان دینت رابنمائیم وارائه دهیم ودر کشورت اصلاحی پدید آوریم وبندگان ستمزده ات را ایمن وبرخوردار از حقوق مسلمشان گردانیم ، ونیز تا به وظائفي که مقرر داشته ای وبه سنن وقوانین واحکامت عمل شود .

بنـــا براین ، شما (گروه علماي دین) مـــا را در انجام این مقصود یاری میکنید وداد ما را از قدرتهائی که بر شما ستم روا داشتند و کسانی که در خاموش کردن مشعل پیامبرتان کوشیدند میستانید خدای یگانه مارا کفایت است وبرا وتکیه مي کنیم وبسوی او رومیآوریم وسرنوشت بدست او وباز گشت به او است .

میفرماید : « اعتبروا أیها الناس بما وعظ الله به اولیائه من سوء ثنائه علی الاحبار » خطاب به دستهٔ مخصوص ، حاضرین مجلس ، اهل شهر وبلد ، اهل مملکت ویا مردم دنیاي آنروز نیست ، بلکه هر کس را در هرزمان که این نـدا رابشنود شامل میشود ، مثل : « یا ایها الناس » که در قرآن آمده است خداوند با اعتراض به « احبار » یعني علماي یهود واستنکار رویهٔ آنها ، اولیاء خویش را موعظه فرموده وبآنان پندداده است . منظور از « اولیاء » کسانی هستند که توجه به خدا دارند ودر جامعه دارای مسؤولیت میباشند نه این که منظور ائمه علیهم السلام باشد .

« اذ یقول لولا ینهاهم الربانیون والاحبار عن قولهـم الاثم واکلهم السحت ، لبئس ما کانوا یصنعون » . خداوند در این آیه « ربانیون » و « احبار » را مورد نکوهش قـــرار میدهد که چرا آنها که علمای دیني یهود بوده اند ستمکاران را

از « قول اثم » یعنی گفتار گناهکارانه ـ که اعم از دروغپر دازی و تهمت و تحریف حقائق و امثال آن باشد ـ و از « اکل سحت » یعنی حرامخواری نهی نکرده و بازنداشته اند . بدیهی است این نکوهش و تقبیح اختصاص بــه علمای یهود ندارد و نه اختصاص به علمای نصاری دارد ، بلکــه علمای جامعهٔ اسلامی و بطور کلی علمای دینی را شامل میشود . بنابر آن ، علمای دینی جامعهٔ اسلامی هم اگر در برابر رویه و سیاست ستمکاران ساکت بنشینند مورد نکوهش و تقبیح خدا قرار میگیرند این امر فقط مربوط به سلف و نسل گذشته نیست ، نسلهای گذشته و آینده در این حکم یکسانند . حضرت امیر (ع) این موضوع را با استناد به قرآن ذکر فرموده که علمای جامعهٔ اسلامی هم عبرت بگیرند و بیدار شوند و از ادای وظیفهٔ امر بمعروف و نهی از منکر باز نایستند و در برابر هیئتهای حاکمهٔ ستمگر و منحرف سکوت ننماید . حضرت با استشهاد به آیهٔ « لولا ینهاهم الربانیون... » ، دو نکته را گوشزد فرموده است :

۱ ـ این که سهل انگاری علما در وظائف ، ضررش بیش از کوتاهی دیگران در انجام همان وظائف مشترک است . چنانکه هر گاه یک بازاری کار خلافی بکند ضررش به خود او میرسد ، لیکن اگر علما در وظیفه کوتاهی کردند مثلا در برابر ستمگران سکوت نمودند ضررش متوجه اسلام میشود ،

واگر بوظیفه عمل کردند وآنجا که باید صحبت کنند سکوت نکردند نفع آن برای اسلام است .

۲ ـ با این که باید از همهٔ اموری کــه مخالف شرع است نهی کرد روی « قول اثم » یعني در وغپر دازی « واکل سحت » یعني حرامخواري تکیه کرده است تا بفهماند که این دو « منکر » از همــهٔ منکرات خطرناك تر است وبایستي بیشتر مورد مخالفت ومبارزهٔ قرار گیرد . چون گاهي گفتار وتبلیغات دستگاههاي ستمگر بیش از کردار وسیاستشــان برای اسلام ومسلمین ضرر دارد وغالباً حیثیت اسلام ومسلمین را بمخاطره میاندازد . خداوند نکوهش میکند که چرا از گفتار نا درست وتبلیغــات گناهکارانهٔ ستمکاران جلوگیري نکردند ؟ چرا آن مردي را که ادعا کرد من « خلیفة الله » هستم وآلت مشیت الهي هستم واحکام خدا همین گونه است که من اجرا میکنم ، عدالت اسلامي همین است که من میگویم واجرا میکنم – در صورتیکه اصولاً عــدالت سرش نمیشد ـ تکذیب نکردند ؟ اینگونه سخنان « قول اثم » است ، این حرفهاي گناهکارانه را که ضرر زیادي براي جامعــه دارد چرا جلوگیري نکردند؟ ظلمه را که حرفهاي نا مربوط زدند ، خیانتها مرتکب شدند ، بدعتها در اسلام گذاشتند ، ضربه به اسلام زدند چرا نهي نکردند واز این گناهان بــاز نداشتند ؟

اگر کسي احکام را آنطور که خدا راضي نيست تفسير کرد ، بدعتي در اسلام گذاشت بنام اينکه عدل اسلامی چنين اقتضا ميکند احکام خلاف اسلام اجرا کرد ، بر علما واجب است که اظهار مخالفت کنند. هرگاه اظهار مخالفت نکنند مورد لعن خدا قرار ميگيرند ، واين از آيهٔ شريفه پيداست ، ونيز در حديث است که « اذا ظهرت البدع فللعالم ان يظهر علمه والا فعليه لعنة الله » . چون بدعتها پديد آيد بر عالم واجب است که علم (دين) خويش را اظهار کند وگرنه لعنت خدا براو خواهد بود .

خود اظهار مخالفت وبيان تعاليم واحکام خدا که مخالف بدعت وظلم وگناه ميباشد مفيد است ، چون سبب ميشود عامهٔ مردم به فساد اجتماعي ومظالم حکام خائن وفاسق يا بيدين پي برده بمبارزه برخيزند واز همکاری با ستمکاران خودداري نمايند وبه عدم اطاعت در برابر قدرتهاي حاکمهٔ فاسد وخائن دست بزنند . اظهار مخالفت علماي ديني در چنين مواردي يك « نهی از منکر » از طرف رهبري دينی جامعه است که موجي از « نهی از منکر » ويك نهضت مخالفت و « نهی از منکر » را بدنبال ميآورد ، نهضتي را بدنبال ميآورد که همهٔ مردم ديندار وغيرتمند در آن شرکت دارند ، نهضتي که اگرحکام ستمکار ومنحرف به آن تسليم نشوند وبه صراط مستقيم رويهٔ اسلامي تبعيت از احکام الهي بازنيايند

وبخواهند با قدرت اسلحه آنرا ساکت کنند در حقیقت به تجاوز مسلحانه دست زده و « فئهٔ باغیه » خواهند بود و بر مسلمانان است که به جهاد مسلحانه با « فئهٔ باغیه » یعني حکام تجاوز کار بپردازند تا سیاست جامعه ورویهٔ حکومت کنندگان مطابق با اصول واحکام اسلام باشد .

شما که فعلاً قدرت ندارید جلو بدعتهاي حکام را بگیرید واین مفاسد را دفع کنید اقلاً ساکت ننشینید. توسر شما میزنند داد وفریاد کنید ، اعتراض کنید . انظلام نکنید . انظلام (تن به ظلم دادن) بدتر از ظلم است . اعتراض کنید ، انکار کنید ، تکذیب کنید ، فریاد بزنید . باید در برابر دستگاه تبلیغات وانتشارات آنها دستگاهي هم اینطرف بوجود بیاید تا هرچه بدروغ میگویند تکذیب کند ، بگوید دروغ است ، بگوید عدالت اسلامي این نیست که آنها ادعا میکنند عدل اسلامی که براي خانواده ها وجامعه مسلمین قرار داده شده همهٔ برنامه اش مضبوط ومدون است که آنها دارند . این مطالب باید گفته شود تا مردم متوجه باشند ونسل آینده سکوت این جماعت را حجت قرار ندهد ونگوید لا بد اعمال ورویهٔ ستمکاران مطابق شرع بوده است ودین مبین اسلام اقتضا میکرده که ستمگران « اکل سحت » یعني حرامخواري کنند ومال مردم راغارت کنند .

از آنجا که دائرهٔ فکر عده ای از دائرهٔ همین مسجد
تجاوز نمیکند وجولان و گسترش ندارد وقتی گفته میشود
« اکل سحت » یعنی حرامخواری ، فقط بقال سر کوچه بنظر
شان میآید که – العیاذ بالله – کم فروشی میکند ، دیگر آن
دائرهٔ بزرگ حرامخوری و غارتگری بنظر نمیآید که یک
سرمایهٔ بزرگ را میبلعند ، بیت المال را اختلاس میکنند ،
نفت مارا میخورند ، بنام نمایندگی کمپانیهای خارجی کشور
مارا بازار فروش کالاهای گران و غیر ضروری بیگانه میکنند
و از اینراه پول مردم را به جیب خود وسرمایه داران بیگانه
میریزند . نفت مارا چند دولت بیگانه پس از استخراج برای
خود می برند و مقدار ناچیزی هم که به هیئت حاکمهٔ همدست
خودشان میدهند از طرق دیگر به جیب خودشان برمیگردد
و اندکی که بصندوق دولت میریزد خدا مید اند صرف کجا
میشود . این یک « اکل سحت » و حرامخوری در مقیاس وسیع
و در مقیاس بین المللی است . « منکر » ، وحشتناک و خطر-
ناکترین منکرات همین است . شما اوضاع جامعه و کارهای
دولت و دستگاهها را دقیقاً مطالعه کنید تا معلوم شود چه
« اکل سحت » های وحشتناکی صورت میگیرد . اگر زلزله ای
در گوشهٔ کشور رخ دهد یک راه در آمد و حرامخوری
بروی سودجویان حاکم باز میگردد تا بنام زلزله زدگان جیب
خودشان را پر کنند . در قرار دادهائی که حکام ستمکار

وضد ملي با دولتها يا شركتهاي خارجي مي بندند ميليونها از پول ملت را بجيب مى زنند وميليونها از پول ملت را عايد خارجيان واربابان خود ميكنند . اينها جريانات سيل آسائي از حرامخوري است كه پيش چشم ما صورت ميگيرد وهنوز ادامه دارد ، چه در تجارت خارجى وچه در باصطلاح قرار دادهائى كه براى استخراج معادن يا بهره برداري از جنگلها وساير منابع طبيعى بسته ميشود يا براي كارهاي ساختماني وراهسازي ياخريد اسلحه از استعمار گران غربي واستعمار گران كمونيست .

ما بايد جلو اين غارتگريها وحرامخورى هارا بگيريم. همهٔ مردم موظف باين كارهستند ، ولى علماي ديني وظيفه شان سنگين تر ومهم تراست . ما بايد پيش از ساير افراد مسلمان باين جهاد مقدس واين وظيفهٔ خطير اقدام كنيم . ما بخاطر مقام وموقعيتي كه داريم بايستي پيشقدم باشيم . اگر امروز قدرت نداريم كه جلو اينكارها رابگيريم وحرامخواران وخائنين بملت ودزدان مقتدر وحاكم را بكيفر برسانيم بايد كوشش كنيم اين قدرت را بدست بياوريم ودر عين حال بعنوان حد اقل انجام وظيفه از اظهار حقائق وافشاى حرامخورى ها ودر وغپردازي ها كوتاهي نكنيم. وقتي قدرت بدست آورديم نه تنها سياست واقتصاد واداره كشور را درست ميكنيم بلكه

حرامخورها ودروغپردازهارا شلاق‌می‌زنیم‌وبکیفر می‌رسانیم.

مسجد اقصی را آتش زدند. ما فریادمي کنیم که بگذارید مسجد اقصی بهمین حال نیم سوخته باقي باشد، این جرم را ازبین نبرید. ولی رژیم شاه‌حساب بازمیکند وصندوق میگذارد وباسم بناء مسجد اقصی از مردم پول میگیرند تا بتوانند از این راه استفاده نمایند وجیب خود را پر کنند وضمناً آثار جرم اسرائیل را از بین ببرند!

اینها مصیبتهائی است که گریبانگیر امت اسلام شده وکار را باینجا رسانده است. آیا علماء اسلام نباید این مطالب را بگویند؟«لولا ینهاهم الربانیون والأحبار عن اكلهم السحت؟» چرا فریاد نمیزنند؟چرا از این غار تگریها هیچ سخنی نمیگویند؟

بعد بآیهٔ «لعن الذین كفروا من بني إسرائيل» استناد شده که ذکر آن از فرصت بحث ما خارج است.

سپس می فرماید: «وانما عاب الله ذلك عليهم لأنهم كانوا يرون من الظلمة الذين بين اظهرهم المنكر والفساد فلا ينهونهم عن ذلك رغبة فيما كانوا ينالون منهم ورهبة مما يحذرون».

اینکه خدا از «ربانیون» استنکار کرده روی این اصل است که آنان با اینکه میدیدند ظلمه چه کارها میکنند وچه جنایتها مرتکب میگردند ساکت بودند وآنهارا نهی نمیکردند. وسکوتشان ـ بحسب این روایت ـ روی دوعلت بوده است:

۱ ـ سود جوئي ۲ ـ زبوني

یا افراد طمع کاری بودند واز ظلمه استفادهٔ مـــادي میکردندو باصطلاح حق السکوت میگرفتند، ویا بزدل وترسو بودند واز آنها میترسیدند .

بروایات امر بمعروف ونهي از منکر مراجعه فرمائید. در آن روایات عمل بعضي را که برای فرار از امر بمعروف ونهي از منکر مرتباً عذر تراشي میکنند تقبیح میکند وآن سکوت را عیب میشمرد .

«والله یقول ولا تخشوا الناس واخشوني» وخدا میفرماید که از آنها نترسید ، چه ترسی دارید؟ جز این نیست که شمارا زنداني میکنند ، بیرون میکنند ، میکشند . اولیاء ما براي اسلام جان دادند ، شماهم باید براي این امور آماده باشید .

وقال : « المؤمنون والمؤمنات بعضهم اولیـــاء بعض یأمرون بالمعروف وینهون عن المنکر ... »

ودر ذیل آیه میفرماید : « ویقیمون الصلوة ویؤتون الزکاة ویطیعون الله ورسوله ... » .

« فبدء الله بالأمر بالمعروف والنهي عن المنکر فریضة منه لعلمه بأنها اذا ادیت واقیمت استقامت الفرائض کلها هینها وصعبها وذلك ان الامر بالمعروف والنهي عن المنکر دعاء الی الاسلام مع رد المظالم ومخالفة الظالم وقسمة الفیيء والغنائم واخذ الصدقات من مواضعها ووضعها في حقها . »

اگر امر بمعروف ونهـــي از منکر بخوبي اجراشود دیگر فرائض قهراً برپا خواهدشد . اگر امر بمعروف ونهي از

منکر اجراء شود ظلمه وعمالشان نمیتوانند امــوال مردم را بگیرند وبمیل خود صرف کنند ومالیاتهاي مردم را تلف‌نمایند آمر بمعروف وناهی از منکر دعوت باسلام ورد مظالم‌ومخالفت باظالم میکنند .

عمدهٔ وجوب امر بمعروف ونهي از منکر براي این امور است. ما امر بمعروف ونهی از منکر را در دائرهٔ کوچکي قرار داده وبموارديکه ضررش براي خود افرادي است که مرتکب میشوند ، یا ترك میکنند محصور ساخته ایم در اذهان ما فرورفته که «منکرات» فقط همین‌هائی‌هستند که‌هرروزمي بینیم یا میشنویم . مثلا اگر در اتوبوس نشسته ایم موسیقی گرفتند ، یا فلان قهوه خانه کار خلافي را مرتکب شد ، یا در وسط بازار کسی روزه خورد منکرات میباشند وباید از آن نهی کرد ! وبآن منکرات بزرگ توجه نداریم .

آن‌مردمی را که دارند حیثیت اسلام را از بین‌میبرند حقوق ضعفاء را پایمال میکنندو... باید نهی از منکر کرد .

اگر یك اعتراض دسته جمعي بظلمه که خلافي مرتکب میشوند ، یا جنایتي میکنند بشود، اگر چند هزار تلگراف‌از همهٔ بلاد اسلامی بآ نها بشود که این کار خلاف را انجام ندهید یقیناً دست برمیدارند وقتیکه بر خــلاف حیثیت اسلام ومصالح مردم کاري انجام دادند ، نطقی ایراد کردند اگر از سراسر کشور ،از تمام‌قراء وقصبات از آ نان استنکارشود زود عقب‌نشینی میکنند. خیال‌میکنید میتوانند عقب نشیني‌نکنند؟

هرگز نمیتوانند. من آنهارا میشناسم. من میدانم که چکاره‌اند. خیلي هم ترسوهستند. خیلي زود عقب نشیني میکنند. لیکن وقتیکه دیدند ما از آنها بیمرضه تریم جولان میدهند.

در قضیه اي که علماء باهم اتحاد داشتند واجتماع کردند واز شهرستانهاهم از آنان پشتیباني شد وهیئتها آمدند، خطابه ها ایراد کردند دستگاه عقب نشیني کرد وآن قـــرار داد را نسخ نمود بعد که بتدریج ما را سرد وسست کردند واز هم جدا ساختند وبراي هریك « تکلیف شرعی » معین کردند درنتیجهٔ این اختلاف کلمه وتشتت اقوال جری شدند، واکنون هرکاري که میخواهند با مسلمین ومملکت اسلامي میکنند.

« دعاء الی الاسلام مع رد المظالم ومخالفة الظالم ». امر بمعروف ونهي از منکر براي این امور مهم است. آن عطار بیچاره اگر کار خلافي کرد ضرري به اسلام نمیزند، بخـودش ضرر میزند. آنهائي را که باسلام ضرر میزنند باید بیشترامر بمعروف ونهي از منکر کرد. آنهائي را که بعناوین مختلف هستي مردم را غارت میکنند باید نهی کرد.

این مطالب بعضي مواقع درخود روزنامه هـــا دیده میشود منتهی گاهي بصورت شوخي است وگاهي بصورت جدي که بسیاري از چیزهائیکه باسم سیل زدگان یا زلزله زدگان جمع آوري کردند خودشان خوردند! یکي از علماء ملایر میگفت که ما براي مردگان حادثه اي یك کامیون کفن بردیم مأمورین نمیگذاشتند بآنها برسانیم ومیخواستند بخورنـد!!

امر بمعروف ونهي از منكر براي اينان لازم تراست .

اكنون من از شما استفسار ميكنم : آيا مطالبيكه حضرت امير (ع) دراين حديث فرمودند براي اصحابي است كه در اطراف خودشان بودند وبيانات حضرت را ميشنيدند ؟ آيا « اعتبروا أيها الناس » خطاب بمانيست ؟ ما از « ناس » وجزء مردم نيستيم ؟! آيا نبايد از اين خطاب عبرت بگيريم ؟

همانطور كه در اول بحث عرض كردم اين مطالب براي دسته وجمعيت خاصی نيست بلكه از طرف آنحضرت براي هر امير ، هر وزير ، هر حاكم ، وهر فقيه ، براى همهٔ دنيا ، همهٔ بشر وهمهٔ افراديكه زنده هستند بخشنامه شده است. بخشنامه هاى آنحضرت همدوش قرآن است وهمانند قرآن تا روز قيامت واجب الأتباع ميباشد آيه اي هم كه بآن استدلال شده (لولا ينهاهم الربانيون) هر چند به « ربانيون واحبار » خطاب كرده ليكن روى خطاب بعموم است . از آنجا كه ربانيون واحبار از جهت طمع يا ترس در برابر ظلم ظلمه سكوت كردند در صورتيكه بادادها ، فريادها وبا گفتارهايشان ميتوانستند كاري انجام دهند وجلو ظلم را بگيرند مورد استنكار خداوند واقع شدند . علماء اسلام هم اگر در برابر ستمگران قيام نكنند وسكوت نمايند مورد استنكار قرار خواهند گرفت.

« ثم ايتها العصابة » بعد از خطاب بمردم گروه علماى اسلام را مورد خطاب قرار داده است :

« عصابة بالعلم مشهورة وبالخير مذكورة وبالنصيحة

معروفة وبالله في أنفس الناس مهابة ، يهابكم الشريف ويكرمكم الضعيف ويؤثركم من لا فضل لكم عليه ولا يدلكم عنده ،تشفعون في الحوائج اذا امتنعت من طلابها وتمشون في الطريق بهيبة الملوك وكرامة الاكابر ، أليس كل ذلك إنما نلتموه بما يرجى عندكم من القيام بحق الله » .

شما در جامعه هيبت وشوكت داريد . ملت اسلام بشما احترام ميگذارند وبراي شما كرامت قائلنـــد . اين مهابت وعزتيكه در جامعه داريد براي اينست كه از شما انتظـــار ميرود كه در برابر ظلمه بحق قيام كنيد حق ستمديدگان را از ظالم بگيريد . بشما اميدوارند كه قيام نمائيد وازتعدي ظلمه جلوگيري كنيد .

« وان كنتم عن اكثر حقه تقصرون ، فاستخففتم بحق الامة ، فأما حق الضعفاء فضيعتم واما حقكم بزعمكم فطلبتم فلا مالاً بذلتموه ولا نفساً خاطرتم بها للذي خلقها ولا عشيرة عاديتموه في ذات الله . انتم تتمنون على الله جنته ومجاورة رسله واماناً من عذابه . لقد خشيت عليكم أيها المتمنون على الله أن تحل بكم نقمة من نقماته لأنكم بلغتم من كرامة الله منزلة فضلتم بها ومن يعرف بالله لا تكرمون ، وانتم بالله في عباده تكرمون » .

شما مقام ومنزلت پيدا كرديد ليكن وقتيكه بمقام رسيديد حق آنرا اداء نكرديد .

« وقد ترون عهود الله منقوضة فلا تفزعون وانتم لبعض في ذمم آبائكم تفزعون ، وذمة رسول الله محقورة (مخفورة) .

اگر برای پدران شما پیش آمدي كند ، یا ـ خداي نخواسته ـ کسي نسبت بپدر شما بي احترامي كند تا راحت میشوید ، داد میزنید در حالیکه جلو چشمان شما عهدهای الهي را میشکنند اسلام را هتك میکنند صدایتان در نمیآید ، حتی قلباً تا راحت نمیشوید ، اصولاً اگر ناراحتی در کاربود صدائي بلندمیشد .

« والعمی والبکم والزمن في المدائن مهملة لا ترحمون »

کوران ، لا لها ، وزمینگران ناتوان از بین مـــیروند وکسی بفکر آنها نیست ، کسیدر فکر ملت بیچارهٔ پا برهنه نیست.

خیال‌میکنید این‌هیاهوئي‌را که در رادیو راه میاندازند راست است ؟! شما خودتان بروید از نزدیك ببینید که مردم باچه وضعي زندگی میکنند ! در هر صدتا ، دویست تا «ده» یك درمانگاه وجود ندارد. براي‌بیچاره‌ها و گرسنه ها فکري نشده‌است. مهلت هم نمیدهند که اسلام آن فکري را که براي فقراء کرده عملي کند . اسلام مشکلهٔ فقررا حل کرده ودر رأس برنامهٔ خود قرار داده است : « انما الصدقات للفقراء... » اسلام توجه داشته که باید اول کار فقراء را اصلاح کـــرد ، کاربیچاره ها را اصلاح نمود ، لیکن نمیگذارند که عملی‌شود.

ملت بیچاره در حال فقر و گرسنگي بسر میبرنـــد وهیئت حاکمهٔ ایران هرروز آنهمه مالیات را از مردم گرفته صرف ولخرجیهاي خود میکنند ، طیارهٔ فانتوم میخرد تا نظامیان اسرائیل وعمال آن در کشور ما تعلیمات نظامي ببینند اسرائیل ـ که اکنون بامسلمانهادر حال‌جنگ‌است وکسانیکه

اورا تأیید کنند آنان نیز با مسلمانها در حال جنگ میباشند ـ بطوری پرو بالش در مملکت ما بازشده وبطوری مورد تأیید دستگاه حاکمه قرار گرفته که نظامیان او برای دیدن تعلیمات بکشور ما میآیند ! مملکت ما پایگاه آنها شده، بازار ما هم دست آنها است واگر بهمین وضع باشد ومسلمانان بهمین سستي بمانند بازار مسلمین را ساقط خواهند کرد.

« ولا في منزلتكم تعملون ولا من عمل فيها (تعنون) » شما از مقام خود استفاده نکرده وکاری انجام نمیدهید وآنکسي را هم که بوظیفه عمل میکند کمك نمینمائید.

« وبالادهان والمصانعة عند الظلمه تأمنون . كل ذلك مما امركم الله به من النهي والتناهي وانتم عنه غافلون ».

همت ودلخوشي شما باینستکه ظالم پشتیبان شما باشد ، براي شما احترام قائل شود ، مثلاً أيها الشيخ الكبير بگوید ! دیگر کاري ندارید که بسر ملت چه میآید ودولت چه میکند.

« وانتم اعظم الناس مصيبة لما غلبتم عليه من منازل العلماء لو كنتم تسمعون . ذلك بأن مجاري الامور والأحكام على ايدي العلماء بالله الأمناء على حرامه وحلاله . فأنتم المسلوبون تلك المنزلة ».

امام (ع) میتوانست بگوید حق مرا ربودند شما قیام نکردید یا حق ائمه را میبردند شما ساکت نشستید . ولی « علماء بالله » فرمود که عبارت از « ربانیون » وپیشوایان است نه اینکه مراد اهل فلسفه وعرفان باشد . « عالم بالله » عبارت

از کسی است که عالم به احکام خداست ، واحکام الهي را میداند وباوروحاني ورباني گفته میشود ، البته در صورتیکه روحانیت وتوجه بخداي تعالی در او غالب باشد .

« فأنتم المسلوبون تلك المنزلة . وما سلبتم ذلـــك إلا بتفرقكم عن الحق واختلافكم في السنة بعد البينة الواضحة . ولو صبرتم على الأذى وتحملتم المؤونة في ذات الله كانت امـور الله عليكم ترد وعنكم تصدر وإليكم ترجع » .

اگر شما مردم در ستكاری بودید وقیام بامر میکردید میدیدید که ورود وصدور امور بشما ارتباط پیدامیکنند ، از شما صادر میشود وبسوی شما باز میگردد . اگر آن حکومتي که اسلام میخواست پدید میآمد حکومتهاي فعلی دنیـا نمیتوانستند در برابر آن بایستند، تسلیم میشدند. لیکن متأسفانه کوتاهي شده است که چنین حکومتي بر پاشود ونه مخالفین صدر اسلام گذاشتند که تشکیل شود وحکومت بدست آنکس که خدا ورسول او راضي بودند قرار گیرد تا کار باینجانکشد

« ولكنكم مكنتم الظلمة من منزلتكم» . وقتي شما بوظیفه قیام نکردیـد وامر حکومت را واگذاشتید برای ظلمـه امکانات فراهم آمد که این مقام را اشغال نمایند .

« واستسلمتم امور الله في ايديهم ، يعملون بالشبهات ويسيرون في الشهوات ، سلطهم على ذلك فراركم من الموت واعجابكم بالحياة التي هي مفارقتكم ،فاستسلمتم الضعفاء في ايديهم فمن بين مستعبد مقهور وبين مستضعف على معيشته مغلوب » .

تمامی این مطالب برزمان ما منطبق است تطبیق آن بر عصر ما بیش از آنموقعي است که حضرت فرموده اند .

« يتقلبون في الملك بآرائهم ويستشعرون الخزي بأهوائهم اقتداء بالأشرار وجرأة على الجبار . في كل بلد منهم على منبره خطيب يصقع » .

آنموقع خطیب روی منبر از ظلمه تعریف میکردو اکنون رادیوها هرروز داد میزنند وبرخلاف اسلام بنفع آنها تبلیغ مینمایند واحکام اسلام را برخلاف آنچه هست وانمود میکنند .

« فالأرض لهم شاغرة » . اکنون سرزمینها برای ظلمه آماده وبلا مانع میباشد وکسي نیست در برابرشان قیام کند .

« وايديهم فيها مبسوطة والناس لهم خول لا يدفعون يد لامس ، فمن بين جبار عنيد وذي سطوة على الضعفة شديد ، مطاع لا يعرف المبدىء المعيد. فيا عجباً وما لي لا اعجب والأرض من غاش غشوم ومتصدق ظلوم وعامل على المؤمنين بهم غير رحيم . فالله الحاكم فيما فيه تنازعنا والقاضي بحكمه فيما شجر بيننا » .

« اللهم انك تعلم أنه لم يكن ما كان منا تنافساً في سلطان ولا التماساً من فضول الحطام ولكن لنرى المعالم من دينك ونظهر الاصلاح في بلادك ويأمن المظلومون من عبادك ويعمل بفرائضك وسننك واحكامك » .

« فانكم ان تنصرونا وتنصفونا قوى الظلمة عليكم وعملوا في اطفاء نور نبيكم وحسبنا الله وعليه توكلنا واليه أنبنا وإليه المصير » .

بطوریکه ملاحظه میفرمائید اول تا آخر روایت

مربوط بعلماء است. هیچ خصوصیتی هم نیست که مراد از «علماء بالله» ائمه علیهم السلام باشد. علماء اسلام «علماء بالله» هستند وربانی هستند. «ربانی» بکسی گفته میشود که بخدا اعتقاد دارد، احکام خدارا حفظ میکند وعالم باحکام خداست ونیز بر حلال وحرام خدا امین میباشد.

اینکه میفرماید مجاری امور در دست علماء است برای دوسال وده سال نیست، فقط نظر باهالی مدینه نیست. از خود روایت وخطبه معلوم میشود که حضرت امیر (ع) نظر وسیعی دارد، نظر بیك امت بزرگ است که باید بحق قیام کنند.

اگر علماء که در حلال وحرام الهی امین میباشندوآن دوخاصیت علم وعدالت را که قبلا عرض کردم دارا بودند حکم الهی را اجرا میکردند، حدود را جاری می ساختند واحکام وامور اسلام بدست آنان جریان می یافت، دیگرملت بیچاره وگرسنه نمیماند، احکام اسلام تعطیل نمیگردید.

این روایت شریفه از مؤیدات بحث ماست. اگر از نظر سند ضعیف نبود - میتوان گفت از ادله است، اگر نگوئیم که خود مضمون روایت شاهد براین است که از لسان معصوم (ع) صادر شده ومضمون صادق است.

* * *

ما از موضوع ولایت فقیه گذشتیم ودیگر در این زمینه صحبتی نمیکنیم. نیازی هم نیست که در موضوع فروع مطلب، مثلا زکوة باید چگونه باشد، حدود چطور اجرا شود...

بحث کنیم ، ما اصول موضوع را که عبارت از ولایت فقیه (حکومت اسلامي) میباشد مورد بررسي قرار دادیم وعرض کردم ولایتي که براي پیغمبر اکرم (ص) وائمه (ع) میباشد براي فقیه هم ثابت است . در این مطلب هیچ شکی نیست ، مگر موردي دلیل بر خلاف باشد والبته ما هم آن مورد را خارج میکنیم .

همانطور که قبلاً عرض کردم موضوع ولایت فقیه چیز تازه اي نیست که مـــا آورده باشیم بلکه این مسأله از اول مورد بحث بوده است .

حکم مرحوم میرزاي شیرازي در حرمت تنباکو چون حکم حکومتي بودبرای فقیه دیگرهم واجب الأتباع بود وهمهٔ علماء بزرگ ایران — جزچندنفر — از این حکم متابعت کردند . حکم قضاوتي نبود که بین چند نفر سر موضوعی اختلاف شده باشد وایشان روی تشخیص خود قضاوت کرده باشند. روی مصالح مسلمین وبعنوان ثانوی این حکم حکومـــتي را صادر فرمودندوتا عنوان وجود داشت این حکم نیزبود ، وبارفتن عنوان ، حکم هم برداشته شد .

مرحوم میرزا محمد تقي شیرازي که حکم جهاد دادند — البته اسم آن دفاع بود — وهمهٔ علماء تبعیت کردنـــد برای این است که حکم حکومتي بود .

بطوریکه‌نقل کردند مرحوم کاشف الغطاء نیز بسیاري از این‌مطالب‌را فرموده‌اند. عرض کردم که از متأخرین‌مرحوم

نراقي همهٔ شئون رسول الله (ص) را براي فقها ثابت میدانند ، ومرحوم آقاي نائيني نيز ميفرمايند كـه اين مطلب از مقبولهٔ « عمر بن حنظله » استفاده ميشود .

درهر حال طرح اين بحث تازگي ندارد ومـــا فقط موضوع را بیشتر مورد بررسي قرار داديم وشعب حكومت‌را ذكر كرده دردسترس آقايان گذاشتيم تا مسأله روشن تر گردد وتبعاً لأمر الله تعالى في كتابه ولسان نبيه (ص) كمى از مطالب مورد احتياج روز را نيزبيان كرديم ، وگرنه مطلب همانستكه بسياري فهميده اند .

ما اصل موضوع‌را طرح كرديم‌ولازم است نسل‌حاضر ونسل آينده در اطراف آن بحث وفكر نماينـد وراه بدست آوردن آنرا پيدا كنند ، سستي ، سردى ويأس را از خود دور نمايند . وانشاء الله تعالى كيفيت تشكيل وساير متفرعات آنرا با مشورت وتبادل نظر بدست بياورند وكارهـاي حكومت اسلامى را بدست كارشناسان امين وخرد مندان معتقد بسپارند ودست خائن را از حكومت ، وطن ، وبيت المال مسلمين‌قطع كنند ، ومطمئن باشند كه خداوند توانا با آنها است .

برنامه مبارزه

براي تشكيل حكومت اسلامي

ما موظفيم براي تشكيل حكومت اسلامي جـديت

کنیم. اولین فعالیت ما را در این راه تبلیغات تشکیل میدهد. بایستي از راه تبلیغات پیش بیائیم. در همهٔ عالم وهمیشه همینطور بوده است. چند نفر باهم مي نشستند فکر میکردند، تصمیم میگرفتند وبدنبال آن تبلیغات میکردند. کم کم برنفرات همفکر اضافه میشد. سر انجام بصورت نیروئي دریك حکومت بزرگ نفوذ کرده یا با آن جنگیده آنرا ساقط میکردند، محمد علي میرزائي را از بین مي بردند وحکومت مشروطه تشکیل میدادند. همیشه از اول، قشون وقدرتي درکار نبوده است وفقط از راه تبلیغات پیش میرفته اند. قلدریها وزورگوئیها را محکوم میکردند، ملت را آگاه میساختند وبمردم میفهماندند که این قلدریها غلط است. کم کم دامنهٔ تبلیغات توسعه میافت وهمهٔ گروههای جامعه رافرا میگرفت. مردم، بیدار وفعال میشدند وبه نتیجه میرسیدند.

شما الآن نه کشوري دارید ونه لشکري، ولی تبلیغات براي شما امکان دارد ودشمن نتوانسته همهٔ وسائل تبلیغاتي را از دست شما بگیرد. البته مسائل عبادي را باید یاد بدهید اما مهم مسائل سیاسی اسلام است، مسائل اقتصادي وحقوقي اسلام است. اینها محور کار بوده وباید باشد. وظیفهٔ ما این است که از حالا برای پایه ریزي یك دولت حقهٔ اسلامي، کوشش کنیم، تبلیغ کنیم، تعلیمات بدهیم، همفکر بسازیم، یك موج تبلیغاتي وفکري بوجود بیاوریم تا یك جریان اجتماعي پدید آید و کم کم توده هاي آگاه وظیفه‌شناس ودیندار در

نهضت اسلامي متشکل شده قیام کنند وحکومت اسلامی تشکیل دهند .

تبلیغات وتعلیمات دو فعالیت مهم واساسي ما است . وظیفهٔ فقها است که عقاید واحکام ونظامات اسلام را تبلیغ کنند وبه مردم تعلیم دهند تا زمینه براي اجراي احکام وبرقراري نظامات اسلام در جامعه فراهم شود . در روایت ملاحظه کردید که در وصف جانشینان پیغمبر اکرم(ص) یعني فقها آمده است که «یعلمونها الناس» یعني دین را بمردم تعلیم میدهند.

مخصوصاً در شرایط کنوني که سیاستهاي استعماري وحکام ستمگر وخائن ویهود ونصاری ومادیون در تحریف حقائق اسلام وگمراه کردن مسلمانان تلاش میکنند . در این شرایط ، مسؤولیت ما براي تبلیغات وتعلیمات بیش از هر وقت است . امروز مي بینیم که یهودیها - خذلهم الله - در قرآن تصرف کرده اند ودر قرآنهائي که در مناطق اشغالي چاپ کرده اند تغییراتي داده اند . ما موظفیم از این تصرفات خائنانه جلوگیري کنیم ، باید فریاد زد ومردم را متوجه کرد تا معلوم شود که یهودیها وپشتیبانان خارجی آنها کساني هستند که با اساس اسلام مخالفند ومي خواهند حکومت یهود در دنیا تشکیل دهند، وچون جماعت موذی وفعالی هستند می ترسم نعوذ بالله روزی بمقصود برسند ، وسستي بعضي از ما باعث شود که یك وقت حاکم یهودي برما حکومت کند ، خدا آنروز را نیاورد . از طرف دیگر عده اي از مستشرقین که عمال

تبليغاتي مؤسسات استعماری هستند مشغول فعالیتند تا حقائق اسلام را تحریف ووارنه کنند . مبلغین استعماري سرگرم کارند درهر گوشه از بلاد اسلامي جوانهاي ما را باتبليغات سوء دارند از ما جدا میکنند ، نه اینکه یهودي ونصراني کنند بلکه آنهارا فاسد وبیدین ولا ابالی میسازند وهمین براي استعمارگران کافي است . درتهران ما ، مراکز تبلیغات سوء کلیسائی وصهیونیسم وبهائیت بوجود آمده که مردم را گمراه میکنند واز احکام وتعالیم اسلام دور میسازد . آیا هدم این مراکز که به اسلام لطمه میزنند وظیفهٔ مانیست. آیا براي ما کافیست که فقط نجف راداشته باشیم ؟ که آنراهم نداریم - آیا باید در قم بنشینیم وعزا بگیریم یا بعکس باید مردم زنده وفعالي باشیم ؟ شما نسل جوان حوزه هاي روحانیت باید زنده باشید وامرخدا را زنده نگهدارید . شما نسل جوانید ، فکرتان را رشد وتکامل دهید . افکاري راکه همه در اطراف حقائق ودقائق علوم دور میزنند کنار بگذارید ، چون این ریزه بینی ها بسیاري ازما را از انجام مسؤولیت های خطیرمان دور نگهداشته است. بداداسلام برسید ومسلمانان‌را از خطر نجات دهید . اسلام را دارند از بین میبرند ، به اسم احکام اسلام به اسم رسول اکرم (ص) ، اسلام رانابود میکنند . مبلغین همهٔ جورهٔ داخلي وخارجي چه آنهائي که تبعهٔ استعمارند وچه مبلغین داخلي وبومي آنها به تمام‌دهات وبخش هاي ایران رفته‌اند وبچه ها ونوجوانان مارا آنهائي‌را که‌بدرد اسلام میخورند

منحرف میکنند . بداد آنها برسید .

شما موظفید آنچه را تفقه کرده اید بین مردم منتشر کنید ومردم را بامسائلي که یادگرفته اید آشنا سازید .آنهمه تعریف وتمجیدي که در اخبار از اهل علم وفقیه‌آمده‌برای همین است که احکام وعقاید ونظامات اسلام را معرفي میکند وسنت رسول اکرم (ص) را بمردم میــآموزد . شما باید به تبلیغات وتعلیمات در جهت معرفي وبسط اسلام همت بگمارید.

ما موظفیم ابهامي راکه نسبت به اسلام بوجود آورده‌اند برطرف سازیم تا این ابهــام را از اذهان نزدائیم هیچکاري نمی توانیم انجام بدهیم . ما باید خود ونسل آینده را وادار کنیم وبه آنها سفارش کنیم که نسل‌آتیهٔ خویش را نیز مأمور کنند این ابهامي را که براثر تبلیغات سوء چند صد ساله نسبت به اسلام‌در اذهان حتی بسیاري‌از تحصیلکرده‌هاي ماپیداشده رفع کنند، جهان بیني ونظامات‌اجتماعي اسلام را معرفي کنند . حکومت اسلامی را معرفي نمایند تا مردم بدانند اسلام چیست وقوانین آن چگونه است . امروز حوزهٔ قم ، حوزهٔ مشهد ، وحوزه هاي دیگر موظفند که اسلام را ارائــه بدهند واین مکتب را عرضه کنند . مردم ، اسلام را نمی شناسنــد . شما باید خودتان را ، اسلامتان را، نمونه هاي رهبری وحکومت اسلامی را به مردم دنیا معرفي کنید مخصوصاً بــه گروه دانشگاهي‌وطبقهٔ تحصیلکرده. دانشجویان‌چشمشان بازاست. شما مطمئن باشید اگر این مکتب را عرضه نمائید وحکومت

اسلامی را چنانکه هست بدانشگاهها معرفي کنید دانشجویان از آن استقبال خواهند کرد . دانشجویان با استبداد مخالفند ، با حکومتهاي دست نشانده واستعماري مخالفند ، باقلدري وغارت اموال عمومي مخـــالفند ، باحرامخوري و درغپردازي مخالفند با اسلامي که چنین طرز حکومت اجتماعي وتعالیمي دارد هیچ دانشگاه ودانشجوئي مخالفت نـدارد . اینها دستشان به طرف حوزۀ نجف دراز است کـــه براي ما فکري بکنید . آیا باید بنشینیم تا آنها مـارا امر بمعروف کنند وبه انجام وظیفه دعوت نمایند ؟ جوانان از اروپا مارا امر بمعروف کنند که ما حوزۀ اسلامی تشکیل داده ایم شمـا به ما کمك کُنید ؟

وظیفۀ ما است که این مطالب را تذکر بدهیم ، طرز حکومت اسلامي وروش زمامداران اسلام را در صدر اسلام بیان کنیم . بگوئیم که دار الاماره ودکة القضاي (وزارة دادگستری) او در گوشۀ مسجد قرار داشت ودامنۀ حکومتش تا انتهاي ایرانومصر وحجاز ویمن گسترش داشت . متأسفانه وقتي حکومت به طبقات بعدي رسید طرز حکومت تبدیل به سلطنت وبدتراز سلطنت شد .

بایداین مطالب را به مردم رسانید وآنان را رشدفکري وسیاسي داد . باید گفت که چگونه حکومتي مي خواهیم ، وزمامدار ومتصدیان امور حکومتي ما باید چگونه باشند وچه رفتار وسیاستي را پیش گیرند . زمامدار جامعۀ اسلامي کسي

است که بابرادرش عقیل چنان رفتار میکند تا هرگز درخواست تبعیض اقتصادي واضافه کمك از بیت المال نکند، دخترش را که از بیت المال عاریهٔ مضمونـه گرفته باز خواست میکند ومیفرماید اگر عاریهٔ مضمونه نبود تو اولین هاشمیه‌اي بودي که دستت قطع میشد. ما چنین حاکم وزمامداري میخواهیم، زمامداري که مجری قانون باشد نه مجری هوسها وتمایـــلات خویش، افراد مردم رادر برابر قانون مساوی بداند وآنهارا داراي وظائف وحقوق اساسی متساوي، بین افراد امتیاز وتبعیض قائل نشود، خاندان خود ودیگري را بیك نظـر نگاه کند، اگر پسرش دزدي کرد دستش را قطع کند، برادر وخواهرش هروئین فروشي کردند آنهارا اعدام کند نه این که عده اي رابراي ده گرم هروئین بکشند وکسان آنها باند هروئین داشته باشند وخروارها هروئین وارد کنند.

اجتماعات در خدمت تبلیغات و تعلیمات

بسیاری از احکام عبادی اسلام منشأ خدمات اجتماعي وسیاسي است. عبادتهای اسلامي اصولاً توأم با سیاست وتدبیر جامعه است. مثلاً نماز جماعت واجتماع حج وجمعه درعین معنویت وآثار اخلاقي واعتقادي حائز آثار سیاسي است. اسلام اینگونه اجتماعات را فراهم کرده تا از آنها استفادهٔ دیني بشود، عواطف برادري وهمکاري افراد تقویت شود، رشد فکري بیشتري پیدا کنند، براي مشکلات سیاسی واجتماعي خود راه

حلهائي بيابند، وبدنبال آن بجهاد و كوشش دسته جمعي بپردازند. در كشورهاى غير اسلامي ، يا حكومتهاي غـير اسلامي در كشورهاي اسلامي هرگاه بخواهند چنين اجتماعاتي فراهم آورند مجبورند مليونها از ثروت وبودجـهٔ مملكت را صرف كنند ، تازه اجتماعات آنها بي صفا وظاهري وعاري از آثار خير است . اسلام ترتيباتي داده كه هركس خودش آرزوميكند به حـج برود وراه افتاده بحج ميرود . خودش با اشتياق بـه نماز جماعت ميرود . بايد از اين اجتماعات بمنظور تبليغـات وتعليمات ديني وتوسعهٔ نهضت اعتقادي وسياسى اسلامى استفاده كنيم . بعضى باين فكرها نيستند وبيش از اين كه «ولا الضالين» را خوب ادا كنند فكري ندارند ، حج كه ميروند بجاي اين كه با برادران مسلمان خود تفاهم كنند عقايد واحكام اسلام را نشر دهند وبراي مصائب ومشكلات عمومي مسلمانان چـاره اي بينديشند ومثلاً براى آزاد كردن فلسطين كه وطن اسلام است اشتراك مساعي كنند به اختلافات دامن ميزنند . درحاليكه مسلمين صدر اسلام با اجتماع حج وباجماعت جمعه كارهاي مـهم انجام ميدادند . در خطبهٔ روز جمعه اينطور نبود كه فقط يك سوره ودعائى بخوانند وچند كلمه اى بگويند . با خطبه هاى جمعه بسيج سپاه ميشد واز مسجد به ميدان جنگ ميرفتند ، وكسى كه از مسجد به ميدان جنگ برود فقط از خـدا ميترسد وبس، واز كشته شدن وفقر وآوارگي نميترسد، وچنين سپاهي سپاه فاتح وپيروز است . هرگاه خطبه هائي را كه

راجع به جمعه است وخطبه هاي حضرت امير (ع) را ملاحظه كنيد مي بينيد كه بنا براين بوده كه مردم را براه بيندازندوبه حركت در آورند وبه مبارزه برانگيزند ، براي اسلام فدائي ومجاهد بسازند ، و گرفتاريهاي مردم دنيـا را بر طرف كنند.

اگر هرروز جمعه مجتمع ميشدند ومشكلات عمومـي مسلمانان را بيادميآوردند ورفع ميكردند يا تصميم به رفع آن مي گرفتند كار به اينجا نميكشيد . امروز بايد با جديت اين اجتماعات را ترتيب دهيم واز آن براي تبليغات وتعليمات استفاده كنيم . باين ترتيب ، نهضت اعتقادی وسياسي اسـلام وسعت پيداميكند واوج ميگيريد .

عاشورائی بوجود آوريد

اسلام را عرضه بداريد ودر عرضهٔ آن به مردم ، نظير عاشورا بوجود بياوريد . چطور عاشورا را محكم نگهداشته ونگذاشته ايم از دست برود ، چگونـه هنوز مردم برای عاشورا سينه ميزنند واجتماع ميكنند - سلام بر مؤسس آن - شما هم امروز كاري كنيد كه راجع به حكومت موجی بوجود آيد ، اجتماعات برپا گردد ، روضه‌خـوان ومنبري پيدا كند ودر ذهن مردم مطرح بماند .

اگر اسلام را معرفي نمائيد وجهان بينی (يعني عقايد) واصول واحكام ونظام اجتماعي اسلام را به مردم بشناسانيـد با اشتياق كامل از آن استقبال ميكنند . خدا ميداند كه

خواستاران آن بسیارند . من تجربه کرده ام . وقتي کلمه اي القامیشد موجي در مردم ایجاد میگردید . برای اینکه مردم همگي از این وضع ناراحت وناراضي هستند ، زیرسرنیزه وخفقان نمیتوانند حرفي بزنند ، کسی رامیخواهند که بایستد وباشجاعت صحبت کند . اینك شما فرزندان دلیر اسلام مردانه بایستید وبرای مردم نطق کنید ، حقائق را بزبان ساده برای توده های مردم بیان کنید وآنان را به شور وحرکت در آورید ، از مردم کوچه وبازار از همین کارگران ودهقانان پاکدل ودانشجویان بیدار مجاهد بسازید . همهٔ مردم مجاهد خواهند شد. از همهٔ اصناف جامعه آماده اند که براي آزادي واستقلال وسعادت ملت مبارزه کنند مبارزه براي آزادي وسعادت احتیاج به دین دارد. اسلام را که مکتب جهاد ودین مبارزه است دراختیار مردم قرار دهید تا عقاید واخلاق خودشان را از روی آن تصحیح کنند وبصورت یك نیروی مجاهد ، دستگاه سیاسي جائر واستعماري را سرنگون کرده حکومت اسلامي را برقرار سازند .

فقهائي « حصن اسلام » هستند که معرف عقاید ونظامات اسلام ومدافع وحافظ آن باشند واین تعریف ودفاع وحفاظت را بانطق هاي پرشور وبیدار کننده ورهبري مردم ثابت کنند. در این صورت است که اگر بعد از ۱۲۰ سال در گذشتند مردم احساس خواهند کرد که مصیبتي براسلام وارد وخلأی ایجاد شده است وبتعبیر روایت « ثلم في الاسلام ثلمة لا

يسدها شيء » . این که میفرماید فقیه مؤمن اگر بمیرد « ثلم فی الاسلام ... » خلأی جبران ناپذیر در جامعه اسلام بوجـــود میآید مردن بنده است که در خانه نشسته ام وکاري جزمطالعه ندارم ؟ از رفتن من چه خلأی در جامعهٔ اسلام ایجاد میشود ؟ اسلام وقتي امام حسین (ع) را از دست میدهد « ثلم فیـه ثلمة ... » خلأی جبران ناپذیر در آن بوجود میآید . کساني که حافظ عقاید وقوانین ونظام اجتماعي اسلام هستند مانند خواجه نصیر وعلامه که خدمت شایان ونمایاني کرده اند اگر بمیرنـد خلأی بوجود میآید . اما من وجنا بعالی براي اسلام چه کرده ایم کــه اگر مردیم مصداق این روایت باشد ؟ هزار نفر از مـا بمیرد هیچ خبري نمیشود . ما یا فقیه نیستیم حق فقه (یعـني آنطور که باید بود) ویا مؤمن نیستیم حق ایمان .

مقاومت در مبارزه ای طولانی

هیچ عاقلي انتظار ندارد که تبلیغات وتعلیمات ما بزودي به تشکیل حکومت اسلامي منتهی شود . براي توفیق یافتن در استقرار حکومت اسلامي احتیاج به فعـالیت هاي متنوع ومستمري داریم . این ، هدفي است که احتیاج به زمان دارد. عقلاي عالم یك سنگ اینجا میگذارندتا بعد از دویست سال دیگری پایه اي برآن بنا کند ونتیجه ای از آن بدست آیـد خلیفه به پیرمردي که نهال گردو میکاشت گفت : « پیرمرد ! گردومیکاري که ۵۰ سال دیگر وبعد از مردنت ثمر میدهد؟»

در جوابش گفت : « دیگران کاشتند ما خوردیم ، ما میکاریم تا دیگران بخورند » .

فعالیت هاي ما اگر هم براي نسل آینده نتیجه بدهد باید دنبال شود . چون خدمت به اسلام است ودر راه سعادت انسانهاست وامر شخصي نیست که بگوئیم چون حالا به نتیجه نمیرسد ودیگران بعدها نتیجهٔ آنرا میگیرند بما چه ربطـــي دارد ؟! سید الشهداء (ع) که تمام جهات مادي خود را بمعرض خطر در آورد وفدا کرد اگر چنین تفکري داشت وکارها را براي شخص خود واستفادهٔ شخصي میکرد از اول سازش مي نمود وقضیه تمام میشد. هیئت حاکمهٔ اموي از خدا میخواستند که امام حسین (ع) دست بیعت بدهد وبا حکومت آنهـــا موافقت نماید . از این بهتر برای آنها چه بود که پسر پیغمـبر (ص) وامام وقت به آنها «امیر المؤمنین» بگوید وحکومتشان را برسمیت بشناسد . ولي آن حضرت در فکر آیندهٔ اســلام ومسلمین بود . بخاطر این که اسلام در آینده ودر نتیجهٔ جهاد مقدس وفدا کاري او درمیان انسانها نشر پیداکند ونظــام سیاسي ونظام اجتماعي آن در جامعه ها برقرار شود مخـالفت نمود ، مبارزه کرد ، وفدا کاري کرد .

در روایتي که قبلا آوردم دقت کنید . مـــی بینید حضرت امام صادق (ع) در شرایطي که تحت فشار حـکام ستمکار قرار دارد ودر حال تقیه بسر میبرد وقدرت اجرائی ندارد وبسیاري اوقات تحت مراقبت ومحـاصره بسر میبرد

براي مسلمانان تكليف معين ميكند وحاكم وقاضي نصب ميفرمايد . آيا اين كار آن حضرت چه معني دارد ؟ واصولاً بر اين نصب وعزل چه فايده اي مترتب است ؟

مردان بزرگ كه داراي سطح فكر وسيعي ميباشند هيچگاه مأيوس نگرديده وبوضع فعلي خود ـ كه درزندان واسارت بسر ميبرند ومعلوم نيست آزاد ميشونديانه ـ نمياندیشندوبراي پيشبرد هدف خويش در هر شرايطي كه باشند طرح نقشه ميكنندتا بعداً اگر توانستند شخصاً آن طرح را بمرحلهٔ اجراء در آورند واگر خود شان فرصت نيافتند ديگران ـ هرچند بعد از ۲۰۰ يا ۳۰۰ سال ـ دنبال اين طرح بروند واجراءنمايند اساس بسياري از نهضت هاى بزرگ بهمين صورتها بوده است.

رئيس جمهور سابق اندونزى « سوكارنو » در زندان داراي اين افكار بوده ونقشه ها كشيده وطرح ها داده كه بعداً بهاجرا در آمده است .

امام صادق (ع)علاوه از دادن طرح،نصب همفرموده اند . اين نصب امام (ع) اگر براي آنروز بود البته كار لغوي محسوب ميشد ، ولي آنحضرت بفكر آينده بودند . مثلِ ما نبودند كه فقط بفكر خودش باشد ووضع خود را بنگرد. فكر امت بوده ، فكر بشر بوده ، فكر همهٔ عالم بوده است. ميخواسته بشر را اصلاح كند ، وقانون عدل را اجرا نمايد .او بايد در هزار وچند صدسال پيش طرح بدهد ، نصب نمايد تا آنروز كهملت ها بيدارشدند ، ملت اسلام آگاه گرديد و

قیام کرد دیگر تحیري نباشد وضع حکومت اسلامي ورئیس اسلام معلوم باشد .

اصولاً دین اسلام ومذهب شیعه وسایر مذاهب وادیان بهمین نحو پیشرفت کرده است یعني ابتداء جز طرح چیزی نبوده وبراثر ایستادگي وجدیت رهبران وپیامبران بثمر رسیده است.

موسی شباني بیش نبود وسالها شباني میکرد ، آنروز که براي مبارزه با فرعون مأمور شد یاور وپشتیباني نداشت . ولی براثر لیاقت ذاتي وایستادگي خود بایك عصا اساس حکومت فرعون رابر چید . شما خیال میکنید اگر عصاي موسی دست من وجنابعالی بود این کار از ماميآمد؟ همت وجدیت وتدبیر موسی میخواهد تابا آن عصا بساط فرعون را بهم بریزد ، واین کار از مر کسی ساخته نیست . پیغمبر اکرم (ص) وقتیکه برسالت مبعوث شد وشروع به تبلیغ کرد یك طفل ۸ ساله (حضرت امیر ع) ویك زن چهل ساله (حضرت خدیجه) باو ایمان آوردند جز این دو نفر کسی را نداشت وهمه میدانند که چقدر آنحضرت را اذیت کردند وکار شکنیها ومخالفتها نمودند . لیکن مأیوس نشد ، ونفرمود کسی ندارم . ایستادگي کرد وبا قدرت روحي وعزمي قوی از « هیچ » رسالت را باینجا رسانید که امروز هفتصد ملیون جمعیت تحت لواي او هستند .

مذهب شیعه هم از صفر شروع شد. روزی که پیغمبر اکرم (ص) اساس آنرا پایه گذاري کرد با استهزاء مواجه گردید . وقتیکه مردم را جمع ومهمان نمود وفرمود

کسیکه چنین وچنان باشد وزیر من است جز حضرت امیر (ع) که در آنوقت هنوز بسن بلوغ نرسیده بود ولی داراي روحي بزرگ بود - بزرگتر از همهٔ دنیا - کسی. از جا برنخواست شخصی رو کرد بحضرت ابیطالب وبا استهزاء گفت اکنون باید زیر پرچم پسرت بروی!

آنروز هم که ولایت وحکومت امیر المؤمنین (ع) را بمردم عرضه داشت با «بخ بخ» (مبارك باد) ظاهري مواجه گردید، لیکن مخالفتها از همانجا شروع شد وتا آخرهم ادامه داشت. اگر حضرت رسول (ص) ایشان را فقط مرجع مسائل شرعیه قرار میداد هیچگونه مخالفتي نمیشد ولی چون منصب «جانشیني» را بحضرت داد وفرمود ایشان باید حاکم بر مسلمین بوده سرنوشت ملت اسلام را در دست داشته باشد موجب آن ناراحتیها ومخالفتها شد. شما هم اگر امروز درخانه بنشینید ودر امور مملکتي دخالت نکنید کسي بشما کاري ندارد. آنروز بشما کاری دارند که بخواهید در مقدرات کشور دخالت کنید. حضرت امیر (ع) وشیعه چون در امور حکومتي وکشوري دخالت میکردند آنهمه مورد اذیت ومصیبت قرار گرفتند. اما دست از جهاد وفعالیت نکشیدند تا بر اثر تبلیغات ومجاهدات آنان امروز تقریباً دویست میلیون شیعی در دنیا وجود دارد.

اصلاح حوزه هاي روحانیت

معرفي وارائه اسلام مستلزم این است که حوزه های روحانیت

اصلاح شود . باین ترتیب که برنامهٔ درسي وروش تبليغات وتعليمات تكميل گردد ، سستي وتنبلي ويأس وعدم اعتماد بنفس جاي خود را به جديت و كوشش وامیدواعتماد بنفس بدهد، آثاری که تبلیغات وتلقینات بیگانگان در روحیهٔ بعضی گذاشته از بین برود ، افکار جماعت مقدس نما که مردم را از داخل حوزه هاي روحانيت از اسلام و اصلاحات اجتماعي بازميدارند اصلاح شود ، آخوندهاي درباري که دین را به دنیا میفروشند از این لباس خارج واز حوزه ها طرد واخراج شوند .

از بين بردن آثار فكري و اخلاقي استعمار

عمال استعمار ودستگاههاي تربيتي وتبليغاتي وسياسي حكومتهاي دست نشانده وضد ملي قرنها است که سمپاشي میکنند وافكار واخلاق مردم را فاسد میسازند. كساني که از میان مردم وارد حوزه هاي روحانيت میشوند طبعاً آثار سوء فكري واخلاقي را باخود میآورند . حوزه هاي روحانيت جزئی از جامعه ومردم است . بنابراين ما باید در اصلاح فکری واخلاقي افراد حوزه كوشش كنيم . آثار فکری وروحی را که ناشیاز تبليغات وتلقینات بیگانگان وسیاست دولتهای خائن وفاسد است از بین ببریم،وبا آن مبارزه کنیم.

این آثار ، کاملا مشهود است. مثلا بعضي را مي‌بينيم که در حوزه ها نشسته بگوش يكديگر مي خوانند که اینکارها از ما ساخته نیست . چکار داریم باینکارها ؟ ما فقط باید دعا کنیم ومسأله بگوئیم ! » این افکار ، آثار

تلقينات بيگانگان است نتيجهٔ تبليغات سوء چند صد سالهٔ استعمار گران است که در اعماق قلوب نجف وقم ومشهد وديگر حوزهٔ ها وارد شده وباعث افسردگي وسستي وتنبلي گرديده ونميگذارد رشدی داشته باشند ومرتباً عذر خواهي ميکنند که « اين کارها از ما ساخته نيست » !

اين افکار غلط است . مگر آنهـــا که اکنون در کشورهای اسلامي امارت وحکومت دارند چکاره اند که آنها از عهده برميآيند ومابر نميآئيم ؟ کداميك از آنها بيش از فرد متعارف ومعمولي لياقت دارد ؟ بسياری از آنها اصلا تحصيل نکرده اند ! حاکم حجاز کجا تحصيل کرده وچه تحصيل کرده است ؟ رضا خان اصلا سواد نداشت ، وسرباز بيسوادي بيش نبود ! در تاريخ نـــيز چنين‌بوده است . بسياری از حکام خودسر ومسلط ، از لياقت ادارهٔ جامعه وتدبير ملت وعلم وفضيلت بي بهره بوده انـــد . هارون الرشيد يا ديگران که بر کشور بزرگی حکومت ميکردنـــد چـــه تحصيل کرده بودند ؟ تحصيلات وداشتن علوم وتخصص در فنون ، براي برنامه وبرای کارهاي اجرائي واداری لازم است که ماهم از وجود اين نوع‌اشخاص استفاده ميکنيم. آنچه مربوط به نظارت وادارهٔ عاليه کشور وبسط عدالت‌بين مردم وبرقراري روابط عادلانه ميان مردم ميباشد همان است که فقيه تحصيل کرده است . آنچه براي حفظ آزادي ملي واستقلال‌لازم است‌همان است که فقيه دارد. اين فقيه است که

زیر باردیگران وتحت نفوذ اجانب نمــیرود ، وتاپاي جان از حقوق ملت واز آزادي واستقلال وتمامیت ارضي وطن اسلام دفاع میکند فقیه است که به چپ وراست انحراف پیدانمیکند .

شما این افسردگي را از خود دور کنید، برنامه وروش تبلیغات خودتان را تکمیل نمائید ، ودر معرفي اسلام جـدیت بخرج دهید ، وتصمیم به تشکیل حکومت اسلامي بگیریـد ودر این راه پیشقدم شویـــد ودست بدست مردم مبارز وآزادیخواه بدهید حکومت اسلامي قطعاً برقرار خواهد شد . بخودتان اعتماد داشته باشید . شما که این قدرت وجرأت وتدبیر را دارید که براي آزادي واستقلال ملت مبارزه میکنید، شما که توانسته اید مردم رابیدار وبمبــارزه وادار کنید ودستگاه استعمار واستبداد را بلرزه در آورید روز بروز بیشتر تجربــه میآموزید وتدبیر ولیاقت شما درکارهاي اجتماعي بیشتر میشود. وقتي موفق شدید دستگاه حاکم جائر را سرنگون کنید یقیناً از عهدهٔ ادارهٔ حکومت ورهبری توده هاي مردم برخواهید آمد . طرح حکومت واداره ، وقوانین لازم براي آن آمـاده است . اگر اداره کشور ، مالیات ودر آمد لازم دارد اسلام مقرر داشته ، واگر قوانین لازم دارد همه را وضع کرده است . احتیاجي نیست بعد از تشکیل حکومت بنشینید قانون وضع کنید یا مثل حکام بیگانه پرست وغرب زده بسراغ دیگران بروید تا قانونشان را عاریه بگیرید . همه چیز آماده ومهیـا است . فقط میماند برنامه هاي وزارتي که آن هم بکمك وهمکاري

مشاورين ومعاونين متخصص در رشته هاي مختلف در يك مجلس مشورتي ترتيب داده وتصويب ميشود .

خوشبختانه ملتهام تابع ومتحد شما هستند .آنچه که کم داريم همت وقدرت مسلح است که آنرا هم انشاءالله بدست ميآوريم به « عصاي موسى » احتياج داريم وبه همت موسى . کساني بايد باشند که عصاي موسى وشمشير علي بن ابيطالب (ع) را بکار ببرند .

بله ، آن آدمهاي بيعرضه اى که در حوزه هانشسته اند از عهدهٔ تشکيل وادامهٔ حکومت برنميآيند ، چون آنقدر بيعرضه اند که قلم هم نمى توانند بکار ببرند قدمى هم در هيچ کاري برنميدارند .

از بس اجانب وعمالشان بگوش ما خوانده اند که « آقابرو سراغ کارت سراغ مدرسه ودرس وتحصيل . باين کارها چکار داريد ؟! اين کارها از شمانميآيد ! ... » ما هم باورمان آمده که کاري از مانميآيد ! واکنون من نميتوانم اين تبليغات سوء را از گوش بعضي بيرون کنم وبآنان بفهمانم که شمابايد رئيس بشر باشيد ، شماهم مثل ديگرانيد ، شماهم ميتوانيد مملکت را اداره کنيد ، مگرديگران چطور بودند که شمانيستيد ؟ جز اين نيست که بعضي از آنها بجائى رفته خوش گذراني کرده ويا تحصيلى هم کرده اند .

ما نميگوئيم تحصيل نکنند . ما مخالف تحصيل نيستيم مخالف باعلم نيستيم ، بکرهٔ ماه بروند ، صنايع اتمى درست کنند ،

ما جلوآنها را نمیگیریم، منتهی در آن مواردهم تکالیفی داریم . شما اسلام را معرفي کنید ، برنامهٔ حکومتي اسلام را بدنیـــا برسانید شایداین سلاطین ورئیس جمهورهاي ممالك اسلامـــي متوجه شوند که مطلب صحیح است وتابع گردند . ما که نمیخواهیم از دست آنها بگیریم . هر کدام را که تابع وامین باشند سرجایشان میگذاریم .

ما امروز در دنیا ۷۰۰ملیون جمعیت داریم، ۱۷۰ملیون یا بیشتر شیعه داریم . اینها همه پیروما هستند ولی از بس بي همت هستیم نمیتوانیم آنها را اداره کنیم . ما باید حکومـــتي تشکیل دهیم که امانت دار مردم باشد، مردم باو اطمینان داشته باشند وبتوانند سر نوشت خود را باوبسپارند . ما حاکم امین میخواهیم تا امانت داري کند وملتها درپناه او وپناه قانون آسوده خاطر بکارها وزندگي خود ادامه دهند .

اینها مطالبي است که باید در فکر آن باشید . مأیوس نباشید . خیال نکنید این امر نشدني است . خدامیدانـــد که لیاقت وعرضهٔ شما کمتر از دیگران نیست . اگر عرضه ، ظلم وآدمکشي باشد البته مانداریم .

آن مردك (یکي از مقامات دولتي ایران) وقتیکه آمد (در زندان) پیش من، من بودم وآقای قمی «سلمه الله» که اکنون هم گرفتارند- گفت : « سیاست عبارت ازبد ذاتي، درغگوئي و ... خلاصه پدرسوختگي است واین را بگذاریـــد براي ما ! » راست هم میگفت ، اگر سیاست عبارت از اینها

است مخصوص آنها میباشد . اسلام که سیاست دارد، مسلمانان که داراي سیاست میباشند ، ائمهٔ هدی علیهم السلام که «ساسة العباد» هستند غیر این معنائي است کـــه او میگفت . او میخواست مارا اغفال کند . بعد رفت در روزنامه اعلام کرد «تفاهم شده که روحانیون در سیاست دخالت نکنند !» مـا هم بعد از آزادي رفتیم سر منبر تکذیبش کردیم ، گفتیم دروغ گفته است ، اگر خمیني یا دیگري چنین حرفي بزنـد بیرونش میکنیم .

اینها از اول در ذهن شما وارد کردند کـــه سیاست بمعنی دروغ گوئي وامثال آن میباشد تاشمارا از امور مملکتي منصرف کنند وآنها مشغول کار خودشان باشند وشماهم مشغول دعاگوئي باشید، شما اینجا بنیشینید «خلد الله ملکه» بگوئید وانهاهم هرکاري که دلشان میخواهد بکنند، هرگونه هرزگي که میخواهند بکنند .. البته خودشان بحمد الله این فهم هارا ندارند ولی اساتیدو کار شنا سانشان این نقشه هارا کشیده اند استعمارگران انگلیسی که از ۳۰۰ سال پیش در ممالك شرق نفوذ کردند واز همه جهات این ممالك اطلاع دارند این برنامه را درست کردند. بعدها نیز استعمارگران آمریکائي وغیر آنها با انگلیس‌ها همراه ومتفق شدند ودر اجراي این برنامه شرکت کردند .

من در همدان بودم که یکي از طلبه هاي ما که مرد فاضلی بود از لباس خارج شده ولی اخلاقش محفوظ بود ورقهٔ

بزرگی را بمن نشان داد که در آن برنگ سرخ علامت گذاریهائي شده بود ، بطوریکه میگفت این علامتهاي سرخ مال مخازن زیر زمینی بود که در ایران وجود دارد وکارشناسان خارجي کشف کرده بودند .

کارشناسان خارجي روی کشور ما مطالعه کردند همهٔ مخازن زیر زمیني مارا که کجا طلا دارد ، کجامس دارد ونفت و ... دست آوردند ، روحیهٔ افراد ماراهم سنجیدند که چطوري است ودیدند تنها چیزیکه نمیگذارد نقشه‌هایشان عملی گردد ودر مقابلشان سد میباشد اسلام وزوحانیت است.

آنان قدرت اسلام را دیدند که براروپا سلطه پیدا کرد ودانستند که اسلام واقعي مخالف با این بساط است. نیزدست آوردند که روحانیین واقعي را نمیتوانند تحت نفوذ خود در آورند ودر فکرشان تصرف کنند . لذا از روز اول کوشیدند که این خار را از سرراه سیاست خود بردارند واسلام را کوچك وروحانیت را ضایع کنند باتبلیغات سوء این کار را هم کردند، بطوریکه امروز اسلام درنظر ما بیش از ٤تامسئله نیست ! از طرفي برآن شدند که فقها وعلماء اسلام را که رأس جمعیت هاي اسلامي قرار دارند باتهمت ، یا بوسائل دیگر لکه دار وضایع نمایند . آن شخص بسیار بي آبرو که عامل استعمار است در کتابش نوشته « ششصد نفراز علماي نجف وایران وظیفه خوار انگلیس بودند ! شیخ مرتضی فقط دوسال حقوق بگیر بود بعد متوجه شد ! مدرکش اسنادی است که در

وزارت خارجهٔ انگلستان در هند بایگانی شده است » این دست استعمار است که میگوید بما فحش بدهید تا نتیجه بگیریم . استعمار خیلي مایل است که همهٔ علما را جیره خوار خودش معرفي کنند تا علمای اسلام‌را درمیان مردم بدنام ساخته مردم را از آنان رو گردان ومنصرف کنند .

از طرف دیگر با تبلیغات وتلقینات خود تلاش کرده‌اندتا اسلام‌را کوچك‌ومحدود کنند ووظائف فقها وعلماي اسلام را به کارهاي جزئي منحصر گردانند . به گوش ما خوانده اند که « فقها جز مسأله گفتن کاري ندارند وهیچ تکلیف دیگري ندارند ! » بعضي هم نفهمیده باور کرده وگمراه شده اند . ندانسته اند که اینها نقشه است تا استقلال ما را از بین ببرند وهمهٔ جهات کشور هاي اسلامي را ازدست ما بگیرند وندانسته به بنگاههاي تبلیغات استعماری وبه سیاست آنها وبه تحقق هدفهای آنها کمك کرده اند. مؤسسات تبلیغاتي استعماری وسوسه کرده اند که « دین از سیاست جدا است . روحانیت نباید در هیچ امر اجتماعي دخالت کند . فقها وظیفه ندارند بر سرنوشت خود وملت اسلام نظارت کنند » متأسفانه عده ای باور کرده وتحت تأثیر قرار گرفته اند ونتیجه این شده که مي بینیم . این همان آرزوئي است که استعمارگران داشته اند ودارند وخواهند داشت .

شما به حوزه هاي علمیه نگاه کنید . آثار همین تبلیغات وتلقینات استعماري را مشاهده خواهید کرد . افراد

مهمل وبیکاره وتنبل وبي همتي را مي بينيد کـــه فقط مسأله میگویند ودعا میکنند وکاري جز این از آنها ساخته نیست . ضمناً به افکاري ورویه هائي برخورد میکنید که از آثار همین تبلیغات وتلقینات است . مثلاً این که حرف زدن منافي شأن آخوند است . آخوند ومجتهد باید حرف بلد نباشد واگر بـلد است حرف نزند ! فقط « لا إله إلا الله » بگوید ! وگاهـي یك کلمه بگوید ! در حالیکه این ، غلط است ، وبرخـلاف سنت رسول الله است . خدا از سخنگوئي وبیان وقلم ونگارش تجلیل کرده ودر سورهٔ « الرحمن » میفرماید : « علمه البیان » واین را که بیان کردن آموخته نعمتي بزرگ واکرامـــي میشمارد . بیان براي نشر احکام خدا وتعالیم وعقاید اسلام است با بیان ونطق است که میتوانیم دین را بمردم بیاموزیم ومصداق « یعلمونها الناس » شویم . رسول اکرم (ص) وحضرت امیر (ع) نطقها وخطبه ها ایراد میکرده ومرد سخن بوده اند .

اصلاح « مقدس نماها »

اینگونه افکار ابلهانه که در ذهن بعضي وجود دارد به استعمارگران ودولتهاي جائر کمك میکنند که وضـع کشور هاي اسلامي را بهمین صورت نگهدارند واز نهضت اسلامي جلوگیري کنند . اینها افکار جماعتي است که بـه مقدسین معروفند ودر حقیقت « مقدس نما » هستند نه مقدس . باید افکار آنها را اصلاح کنیم وتکلیف خود را با آنهـا معلوم سازیم . چون اینها مانع اصلاحات ونهضت ما هستند

ودست مارا بسته اند .

روزي مرحوم آقــاي بروجردي ، مرحوم آقاي
حجت ، مرحوم آقاي صدر، مرحومآقاي خونساري رضوان
الله عليهم براي مذاكره دريك امر سياسي در منزل ما جمع
شده بودند . به آنان عرض كردم كه « شمــا قبل ازهر كار
تكليف اين مقدس نما ها را روشن كنيد . باوجود آنها مثل
اين است كه دشمن بشما حمله كرده ويك نفرهم محكم دستهاي
شما را گرفته باشد . اينهائي كه اسمشان « مقدسين » است –
– نه مقدسين واقعي – ومتوجه مفاسد ومصالح نيستند دست
هاي شمــارا بسته اند واگر بخواهيد كاري انجام بدهيـد ،
حكومتي را بگيريد ، مجلسي را قبضه كنيد كه نگذاريد اين
مفاسد واقع شود آنها شمارا در جامعه ضايع ميكنند . شمــا
بايد قبل ازهر چيز فكري براي آنها بكنيد » .

امروز جامعهٔ مسلمين طوري شده كه مقدسين ساختگي
جلو نفوذ اسلام ومسلمــين را ميگيرند وبه اسم اسلام
به اسلام صدمه ميزنند. ريشهٔ اين جماعت كه در جامعه وجود
دارد در حوزه هاي روحانيت است . در حوزه هـاي نجف
وقم ومشهدوديگر حوزه ها افرادي هستند كه روحيهٔ مقدس
نمائي دارند واز اينجا روحيه وافكار سوء خود را بنام اسلام
در جامعه سرايت ميدهند . اينها هستند كه اگر يك نفرپيدا
شود بگويد بيائيد زنده باشيد ، بيائيد نگذاريد ما زير پرچم
ديگران زندگي كنيم، نگذاريد انگليس وآمريكا اينقدر با

تحمیل کنند ، نگذارید اسرائیل اینطور مسلمانان را فلج کند. با او مخالفت میکنند .

این جماعت را ابتدا باید نصیحت وبیدار کرد ، بـه آ نها گفت : مگر خطر را نمی بینید ؟ مگر نمی بینید که اسرائیلي ها دارند میزنند ومیکشند واز بین میبرند وانگلیس وآمریکا هم بآ نها کمك میکنند وشما نشسته اید تماشا میکنید آخر شما باید بیدار شوید ، بفکر علاج بدبختي های مردم باشید مباحثه بتنهائي فایده ندارد. مسأله گفتن بتنهائي درد ها را دوا نمیکند . در شرایطي که دارند اسلام را از بـین میبرند ، بساط اسلام را بهم میزنند خاموش ننشینید مانند نصرانیها که نشستند دربارهٔ روح القدس وتثلیث صحبت کردند تا آمدند آ نها راگرفته از بین بردند. بیدار شوید وباین حقائق وواقعیت ها توجـه کنیـد . بمسائل روز توجه کنید . خودتان را تا این اندازه مهمل بارنیاورید . شما با این اهمال کارها میخواهید که ملائکه اجنحهٔ خود را زیر پاي شما پهن کنند ؟ مگر ملائکه تنبل پرورند ؟! ملائکه بالشان رازیرپاي امیر المؤمنین (ع) پهن میکنند ، چون مردی است که بدرد اسلام میخورد ، اسلام را بزرگ میکند ، اسلام بواسطهٔ او در دنیـا منتشر میشود وشهرت جهاني پیدامیکند ، بازمامداري آن حضرت جامعه اي خوشنام وآزاد وپر حرکت وپرفضیلت بوجود میآید . البته ملائکه براي حضرتش خضوع میکنند ، وهمه براي او خضوع وخشوع میکنند، حتی دشمن در برابرعظمتش

تعظیم میکند ، برای شما که جز مسأله گفتن تکلیفی ندارید خضوع معنی ومورد ندارد .

هر گاه بعد از تذکر وارشاد ونصیحت های مکرر ، بیدار نشده وبه انجام وظیفه برنخاستند معلوم میشود قصورشان از غفلت نیست بلکه درد دیگری دارند . آنوقت حسابشان طوردیگری است .

تصفیه حوزه ها

حوزه های روحانیت محل تدریس وتعلـم وتبلیغ ورهبری مسلمانان است . جای فقهای عادل وفضلا ومدرسین وطلاب است . جای آنهاست که امانتدار وجانشین پیغمبران هستند . محل امانتداری است وبدیهی است که امانت الهی رانمیتوان بدست هر کس داد . آن آدمی که میخواهد چنین منصب مهمی را بعهده بگیرد وولی امر مسلمین ونائب امیر المؤمنین باشد ودر اعراض ، اموال ونفوس مردم ، مغانم حدود وامثال آن دخالت کند باید منزه بوده دنیا طلب نباشد انکسی که برای دنیا دست وپا میکند - هر چند در امر مباح باشد - امین الله نیست ونمیتوان باو اطمینان کرد. آن فقیهی که وارد دستگاه ظلمه میگردد واز حاشیه نشینان دربارها میشود واز اوامر شان اطاعت میکند امین نیست ونمیتواند امانت دار الهی باشد خدا میداند که از صدر اسلام تاکنون از این علماء سوء چه مصیبت هائی بر اسلام وارد شده است ؟، « ابو هریره » یکی از فقها است لیکن خدا میداند که

بنفع معاویه وامثال او چقدر احکام جعل کرد وچه مصیبت هائي بر اسلام وارد ساخت . قضیهٔ ورود علماء در دستگاه ظلمه وسلاطین غیر از ورود افراد عادي است . یك آدم عادی اگر وارد دستگاه شود فاسق است وبیش از این چیزی بر آن مترتب نیست . لیکن یك فقیه ، یك قاضي مثل « ابو هریره » «وشریح قاضی» وقتیکه در دستگاه ظلمه وارد شوند دستگاه را عظمت میدهند ، اسلام را لکه دار میکنند . یك نفر فقیه اگر وارد دستگاه ظلمه شد مثل این است که یك امت وارد شده باشد – نه اینکه یك نفر آدم عادی وارد شده است – ولذا ائمه (ع) از ورود باین دستگاه‌ها شدیداً تحذیر کردند وفرمودند اگر شماها وارد نمیشدید کار باینجاها نمیرسید.

تکالیفي که برای فقهای اسلام است بر دیگران نیست

فقهای اسلام برای مقام فقاهتي که دارند باید بسیاری از مباحات را ترك کنند واز آن اعراض نمایند . فقهای اسلام باید در موردیکه برای دیگران تقیه است تقیه نکنند. تقیه برای حفظ اسلام ومذهب بود که اگر تقیه نمیکردند مذهب را باقي نمیگذاشتند . تقیه مربوط بفروع است ـ مثلاً وضوء را اینطور یا آنطور بگیر – اما وقتیکه اصول اسلام ، حیثیت اسلام در خطر است جای تقیه وسکوت نیست ، اگر یك فقیهي را وادار کنند که برود سر منبر خلاف حکم خدا را بگوید آیا میتواند بعنوان « التقیة دیني ودین آبائی » اطاعت کند ؟ اینجا جای تقیه نیست، اگر بناء باشد بواسطهٔ ورود یك

فقیه دردستگاه ظلمه بساط ظلم رواج پیدا کند واسلام لکه‌دار گردد نباید وارد شود – هرچند او رابکشند وهیچ عذری از او پذیرفته نیست مگراینکه معلوم شود ورود اودر آن دستگاه روی پایه واساس عقلائي بوده است مثل علی بن یقطین که معلوم است برای چه وارد شده است ، یا خواجه نصیر رضوان الله علیه ـ که معلوم است در ورود او چه فوائدی بود.

البته فقهای اسلام از این حرفها منزه اند وضعشان از صدر اسلام تاکنون روشن است ، مثل نور پیش ما میدرخشد ولکه ای ندارد ان آخوندهائیکه در آن زمان بادستگاه بودند از مذهب ما نبودند فقهای اسلام نه تنها اطاعت انهارا نکردند بلکه مخالفت کردند ، حبس ها رفتند ، زجرها کشیدند واطاعت نکردند . کسی خیال نکند که علماء اسلام در این دستگاه ها وارد بوده یا هستند . البته بعضي مواقع برای کنترل یا منقلب ساختن دستگاه وارد میشدند که اکنون هم اگر چنین کاری از ما ساخته باشد واجب است که وارد شویم این موضوع مورد صحبت نیست ، اشکال سر آنهاست که عمامه بر سر گذاشته وچهار کلمه هم اینجا یا جاي دیگر خوانده یا نخوانده وبراي شکم یا بسط ریاست باین دستگاه‌ها پیوسته اند . با اینها باید چه کنیم ؟

آخوندهای درباری را طرد کنید

اینها از فقهاي اسلام نیستند وبسیاري از اینها را سازمان امنیت ایران معمم کرده تا دعا کنند . اگر در اعیاد

ودیگر مراسم نتوانیست بزور وجبر ائمه جماعت را وادار کند که حضور یا بند از خودشان داشته باشندتا « جـــل جلاله » بگویند ! اخیراً لقب « جل جلاله » باو (شاه) داده اند ! اینها فقها نیستند ، شناخته شده اند ، مردم اینها رامیشناسند در این روایت است که از این اشخاص بردین بترسید ، اینها دین شما را از بین میبرند . اینها را باید رسوا کرد ، تا اگر آبرودارند در بین مردم رسوا شوند ، ساقط شوند . اگر اینها در اجتماع ساقط نشوند امام زمان را ساقط میکنند ، اسلام را ساقط میکنند .

باید جوانهاي ما عمامهٔ اینها را بر دارند . عمامهٔ این آخوندهائی که‌بنام فقهاي اسلام ، باسم علماء اسلام اینطور مفسده در جامعهٔ مسلمین ایجاد میکنند باید برداشته شود . من نمیدانم جوانهاي ما در ایران مرده اند ؟ کجا هستند ؟ ما که بودیم اینطور نبود ؟ چر اعمامه هاي اینها را بر نمیدارند ؟ من نمیگویم بکشند ! اینها قابل کشتن نیستند ، لکن عمامه از سرشان بردارند . مردم موظف هستند ، جوانهای غیور ما در ایران موظف هستند که نگذارند این نوع آخوندها (جل جلاله گوها) معمم در جوامع ظاهر شوند وبا عمامه در بـین مردم بیایند . لازم نیست آنهارا خیلي کتك بزنند ! لیکن عمامه هایشان را بردارند ، نگذارند معمم ظاهر شوند . این لباس ، شریف است نباید برتن هر کسي باشد عرض کردم که علماء اسلام از این مطالب منزه اند ودر این دستگاه‌ها نبوده

ونيستند وآنهائيكه باين دستكاه وابسته اند مفت خورهائى هستند كه خودرا بمذهب وعلماء بسته اند وحسابشان اصلا جداست ومردم آنها راميشناسند .

خود مانيز وظائف دشواري داريم . لازم است خودمان را از لحاظ روحى واز حيث طرز زندگي كاملتر كنيم . بايد بيش از پيش پارسا شويم واز حطام دنيوي روبگردانيم شما آقايان (خطاب بروحانيون) بايد خود را براي حفظ امانت الهي مجهز كنيد، امين شويد دنيا را درنظر خود تنزل دهيد ، البته نميتوانيد مثل حضرت امير (ع) باشيد كه ميفرمود دنيا در نظر من مثل « عفطة عنز » است . ليكن از حطام دنيا اعراض كنيد ، نفوس خود را تزكيه كنيد ، متوجه بحق تعالى شويد ، متقى باشيد . اگر خداي نكرده براي اين درس ميخوانيد كه فردا به نوائي برسيد نه فقيه خواهيد شد ونه امين اسلام خواهيد بود . خود را مجهز كنيد تا براي اسلام مفيد باشيد . لشگر امام زمان باشيد ، تا بتوانيد خدمت كنيد وعدالت را بسط دهيد . افراد صالح طوري هستند كه وجود آنها در جامعه مصلح است — ما از اين اشخاص ديده ايم — انسان بواسطه راه رفتن ومعاشرت با آنها منزه ميشود ، شما كاري كنيد كه كار شما واخلاق وسلوك شما واعراض شما از حطام دنيا مردم اصلاح شوند ، بشما اقتدا كنند ، شما مقتدى الأنام باشيد « جند الله » سرباز خدا شويد ، تا اسلام را معرفي كنيد ، حكومت اسلامي را

معرفي كنيد . من نميگويم ترك تحصيل نمائيد . لازم است درس بخوانيد ، فقيه شويد ، جـــديت در فقاهت كنيد ، نگذاريد اين حوزه‌ها از فقاهت بيفتد ، تا فقيه نشويد نميتوانيد باسلام خدمت كنيد . ليكن در خلال تحصيلات خود در فكر باشيد كه اسلام را بمردم معرفي كنيد . فعلا كه اسلام غريب است و كسى اسلام را نميشناسد ولى لازم است كه شمـــا اسلام واحكام اسلام را بمردم برسانيد تا مردم بفهمند اسلام چيست وحكومت اسلام چه ميباشد ، رسالت وامامت يعني چه ؟ اصلا اسلام براى چه آمده است وچه ميخواهد ؟ كم كم اسلامي معرفي گردد وانشاء الله روزى حكومت اسلامي تشكيل شود .

حكومتهاي جائر رابراندازيم

١ - روابط خود را با مؤسسات دولتي آنها قطع كنيم ٢ - با آنها همكاري نكنيم . ٣ - ازهرگونه كاري كه كمك بآنها محسوب ميشودپرهيز كنيم . ٤ - مؤسسات قضائي ، مالي اقتصادى ، فرهنگي وسياسي جديدى بوجود آوريم .

برانداختن « طاغوت » يعني قدرتهاي سياسي ناروائي كه در سراسر وطن اسلامي برقرار استوظيفه همهٔ ما است . دستگاههاى دولتي جائر وضد مردم بايد جاي خود را بـــه مؤسسات خدمات عمومي بدهد وطبق قانون اسلام اداره شود وبتدريج حكومت اسلامي مستقر گردد . خداوند متعال در قرآن ، اطاعت از « طاغوت » وقدرتهاي نارواي سياسى ر نهى فرموده است ، ومرد مان را به قيام برضد سلاطين تشويق

کرده ، وموسي را بقیام علیه سلاطین واداشته است . روایات بسیاري هست که در آن مبارزه باظلمه وکساني که در دین تصرف میکنند تشویق شده است . ائمه علیهم السلام وپیروانشان یعني شیعه همیشه با حکومتهاي جائر وقدرتهاي سیاسي باطـــل مبارزه داشته اند . این معنی از شرح حال وطرز زندگاني آنان کاملا پیدا است . بسیاری اوقات گرفتار حکام ظلم وجور بوده اند ودرحال شدت تقیه وخوف بسرمي برده اند — البته خوف از براي مذهب داشتند نه برای خودشان— واین مطلب در بررسی روایات همیشه مورد نظر است. حکام جور هم همیشه از ائمه (ع) وحشت داشتند . آنها میدانستند که اگر به ائمه علیهم السلام فرصت بدهند قیام خواهند کرد وزندگي توأم با عشرت ولهو سبازی رابر آنها حرام خواهند کرد. این که می بینید « هارون » حضرت موسی بن جعفر (ع) را میگیرد وچندین سال حبس میکند یا « مأمون » حضرت رضا (ع) را به مرو میبرد وتحت الحفظ نگهمیدارد وسر انجام مسموم میکند نه از اینجهت است که سید واولاد پیغمبرند واینها با پیغمبر (ص) مخالفند . « هارون » و « مأمون » هردو شیعـي بودند . بلکه از باب « الملك عقیم » است ، واینها میدانستند که اولاد علي (ع) داعیهٔ خلافت داشته بر تشکیل حکومت اسلامي اصرار دارند وخلافت وحکومت را وظیفهٔ خـــود میدانند . چنانکه آنروز که به امام (ع) پیشنهاد شد حدود « فدك » را تعیین فرماید تا آن را به ایشان برگردانند —طبق

روایت – حضرت حدود کشور اسلامي را تعيين فرمود یعني تا این حدود حق ما است وما باید برآن حکومت داشته باشیم وشما غاصبید .

حکام جائر میدیدند که اگر امام موسی بن جعفر (ع) آزاد باشد زندگی را برآنها حرام خواهد کرد وممکن است زمینه اي فراهم شود که حضرت قیام کند وسلطنت رابراندازد از اینجهت مهلت ندادند. اگرمهلت داده بودندبدون تردید حضرت قیام میکرد . شما در این شك نداشته باشید که اگر فرصتي براي موسی بن جعفر (ع) پیش میآمد قیام میکرد واساس دستگاه سلاطین غاصب را واژگون میساخت .

همچنین « مأمون » حضرت رضا (ع) را با آنهمه تزویر وسالوس و گفتن « یا بن عم » و « یا بن رسول الله » تحت نظر نگهمیدارد که مبادا روزي قیام کند واساس سلطنت را درهم بریزد . چون پسر پیغمبر (ص) است ودو حق او وصیت شده ونمیشود او را در مدینه آزاد گذاشت . حکام جائر ، سلطنت می خواستند وهمه چیزرا فداي ای سلطنت وامارت میکردند نه اینکه دشمني خصوصي با کسي داشته باشند . چنانکه اگر امام (ع) نعوذ بالله درباري میشد کمال عزت واحترام را باو میگذاشتند ودستش را هم مي بوسیدند . بر حسب روایت ، وقتي که امام (ع) بر «هارون» وارد شد دستور داد حضرت را تا نزدیك مسند سواره بیاورند وکمال احترام را بـه ایشان نمود . بعد که موقع تقسیم سهمیهٔ بیت المال شد ونوبت بـه بني

هاشم رسید مبلغ بسیار اندکی مقرر داشت «مأمون» که حاضر بود از ان تجلیل واین طرز توزیع در آمد تعجب کرد. «هارون» به او گفت: عقل تونمیرسد. بني هاشم را باید همینطور نگهداشت اینها باید فقیر باشند، حبس باشند، تبعید باشند، رنجور باشند، مسموم شوند، کشته شوند، وگرنه قیام خواهند کرد وزندگي را بر ما تلخ خواهند ساخت.

ائمه (ع) فقط خود با دستگاههای ظالم ودولتهاي جائر ودربارهاي فاسد مبارزه کرده اند بلکه مسلمانان را به جهاد برضد آنها دعوت نموده اند. بیش از پنجاه روایت در «وسائل الشیعه» و «مستدرك» ودیگر کتب هست که از سلاطین ودستگاه ظلمه کناره گیري کنید، به دهان مداح آنها خاك بریزید، هر کس یك مداد به آنها بدهد یا آب در دواتشان بریزد چنین وچنان میشود. خلاصه دستور داده اند که با انها بهیچوجه همکاري نشود وقطع رابطه بشود. از طرف دیگر آنهمه روایت که در مدح وفضیلت عالم وفقیه عادل وارد شده وبرتري آنها را برسایر افراد مردم گوشزد کرده‌اند... اینها همه طرحي را تشکیل میدهند که اسلام براي تشکیل حکومت اسلامي ریخته، براي این که ملت را از دستگاه ستمکاران منصرف وروگردان سازد وخانۀ ظلم راویران کند، ودرب خانۀ فقها را بروی مردم بگشاید، فقهائی که عادل وپارسا ومجاهد ودر راه اجراي احکام وبرقراري نظام اجتماعي اسلام میکوشند.

مسلمانان هنگامي میتوانند در امنیت واسایش بسر

برده ایمان واخلاق فاضلهٔ خود را حفظ کنند که در پناه حکومت عدل وقانون قرار گیرند ، حکومتي که اسلام نظام وطرز اداره وقوانینش را طراحي کرده است . اکنون وظیفهٔ ما است که طرح حکومتي اسلام را به اجرا در آوریم وپیاده کنیم امیدوارم که معرفي طرز حکومت واصـول سیاسي واجتماعي اسلام به گروه هاي عظیم بشر موجـي در افکار بوجود آورد وقدرتي که از نهضت مردم پدیدمیآید عامل استقرار نظام اسلام شود .

* * *

بارالها ، دست ستمگران را از بلاد مسلمین کوتاه کن خیانتکاران به اسلام وممالك اسلامي را ریشه کن فرما . سران دولتهاي اسلام را از این خواب گران بیدار کن تا در مصالح ملتها کوشش کنند واز تفرقه‌ها وسودجوئي هاي شخصی دست بردارند . نسل جوان ودانشجویان دیني ودانشگاهی را توفیق عنایت فرما تادر راه اهداف مقدسهٔ اسلام بپاخیزد وباصف واحد در راه خلاص از چنگال استعمار وعمال خبیث آن ودفاع از کشورهاي اسلامي اشتراك مساعي کنند . فقهـا ودانشمندان را موفق کن که در هدایت وروشن کردن افکار جامعه کوشا باشند واهداف مقدسهٔ اسلام‌را به مسلمین خصوصاً به نسل جوان برسانند ودر برقراري حکومت اسلامـي مجاهدت کنند . انك ولي التوفيق ، ولا حول ولا قوة الا بالله العلي العظیم .